새벽의 고요

새벽의 고요

초판발행 2022년 10월 31일

지은이 박태수
펴낸이 신지원
펴낸곳 소소담담
등 록 2015년 10월 7일(제2017-000017호)
주 소 대구광역시 북구 호국로43길 7-19, 201호
전 화 053-953-2112

ISBN 979-11-88323-93-7(03810)
ⓒ 박태수 2022

* 저자와 출판사의 사전 동의 없는 무단 전재 및 복제를 금합니다.

새벽의 고요

박 태 수 에세이집

소소
담담

• 프롤로그

산중 정온靜穩의 소리를 들으며

사람은 누구나 틈이 있는 삶을 살고 싶은 본심을 가지고 있다. 하지만 현대의 격정적인 삶의 현실은 피하기 녹록지 않고, 더욱이 도시에서의 일상은 그 누구도 기계적인 삶의 소용돌이에서 벗어나기 쉽지 않다.

은퇴 후 도시 삶에서 허우적거리다 불현듯 찾아든 공허함과 탁한 공기와 소음 공해에서 벗어나 정신적 고요를 찾아 어디론가 떠나고 싶어졌다. 예순다섯에 대학 강의를 접고 더 늙기 전에 어릴 때 가졌던 꿈을 찾아 이곳저곳 찾아다니는 배낭여행을 시작하였다. 여행지는 익숙한 문명 도시가 아니라 자연의 아름다움과 고요를 느낄 수 있는 산과 호수 등 오지와 문명의 흔적이 남아 있는 역사 유적지를 주로 찾았다. 그 길에는 친구나 아내가 동행하였다. 때로는 혼자 떠나기도 하였다.

5년 동안 즐겼던 여행을 마치고 일흔에 가족의 만류에도 불구하고 도시를 떠나 이상을 찾아 산촌행을 결심하였다. 가족의 이해를 구하기 위하여 서머싯 몸의 〈달과 6펜스〉를 들려주며 설득했다. 백두대간 중심에 있는 문경 대미산 자락 해발 530m에 터전을 잡아 산방을 지었다. 처음에 반대하였던 아내도 이제 어느 정도 적응하여 산촌 생활을 즐기는 듯하다.

  산방을 짓기 전 찾아다닌 여러 나라 여행은 은퇴 후 삶의 활력소가 되었고, 여행지에서 느낀 감성과 수집한 자료는 글쓰기의 밑거름이 되었다. 그리고 아직은 건강이 허락하여 먼 곳을 찾아 떠나지만, 체력이 달릴 때쯤 되면 국내와 가까운 이웃나라를 돌아다니려 한다.

  5년간의 여행 경험을 되돌아보면, 남미 여행에서 잉카문명의 흔적과 후예들의 삶을 엿보았다. 남미 땅끝 파타고니아에서는 때 묻지 않은 자연의 순수함을 보았다. 우유니 소금사막을 걸을 땐 밤하늘에 총총하게 수정을 뿌려놓은 듯 초롱초롱 반짝였던 별빛이 지금도 눈에 아른거린다.

  히말라야 안나푸르나 베이스캠프 트레킹에서는 어깨에 진 배낭이 무거워도 자연의 오묘한 힘 때문인지 지치지 않았다. 수목 한계선 아래서 만난 원주민의 포근한 미소에서는 인간의 순수한 정을 느꼈다. 은둔의 나라 부탄에서는 칸첸중가의 고요와 파로 종Paro Dzong에 올라 파드마삼바바 탕카(불화) 앞에 공양을 올리는 영적 삶을 엿보았다.

  프랑스 남부 성모 발현 루르드 성지를 순례한 후, 스페인으로 넘어가는 프랑스 국경 마을 생 장 피에드포르를 출발하여 산티아고 데 콤포스텔라까지 650km에 이르는 순례 길을 걸었다. 그 길에서는 그동안의 삶을 반추하고, 낡은 중세 성당에서 기도드릴 땐 순례자가 되며, 사유를 찾아 심연에 빠질 땐 구도자가 된 듯하였다.

코카서스 세 나라를 찾았을 땐 국력이 약해 러시아의 약탈과 지배로 얼룩진 사회주의와 아픈 역사의 상흔을 보았다. 독립 후에는 자신들의 정체성을 지키려 몸부림치는 현장을 보았다. 자유세계의 미아 이란에서는 찬란하였던 고대 페르시아 문명의 흔적을 한 달간 둘러보았다. 아케메네스 왕조의 수도 페르세폴리스에서는 웅장한 고대 석조 유물의 매력에 푹 빠졌다.

중앙아시아 다섯 나라를 여행할 땐 발길 닿기 어려운 고요의 땅 파미르 부른쿨 고원에서 본 차가운 밤하늘의 별빛은 영원히 잊을 수 없다. 이식쿨 호수의 장관은 지금도 잔잔한 물결처럼 눈에 파동이 일며, 태고의 신비를 간직한 산정山頂 호수 송쿨의 고요는 마음속에 깊이 간직하고 있다.

여행지에서는 좋은 일만 있는 것이 아니라 때로는 예기치 못한 사건도 일어난다. 아르메니아 수도 예르반을 찾았을 때였다. 민주화운동이 격해져 공항과 국경이 폐쇄되었으나 독일 여행자의 도움으로 숨바꼭질하듯 피하며 국경 넘어 조지아로 탈출하였다. 고대 페르시아 제국과 조로아스터의 유적을 찾아 이란 북부지역을 여행할 땐 이스라엘이 쏜 미사일이 머리 위로 날아간 위급 상황을 맞기도 하였다. 이처럼 여행은 예기치 못한 상황에 부닥칠 때도 있고, 때로는 어려운 상황을 극복하다 보면 여행의 또 다른 묘미를 경험하기도 한다.

공자께서는 나이 칠십이면, '종심소욕불유구從心所慾不踰矩'라고 하였다. '무엇을 하든 거리낌이 없다'는 가르침처럼 이제 무엇을 더 바라고 이루겠는가. 도시 삶에서 벗어나 자연 속으로 떠날 결심을 하고, 백두대간 중심부 대미산 자락 여우목재 부근 양지바른 산중턱에 산방을 짓고 살기 시작한 지 벌써 삼 년이 지났다. 칠순에 아파트 숲을 떠나 산촌으로 떠난다고 하자, 한 친구는 "나이 육십에 떠났다가 칠십에 울고 다시 도시로 돌아온다는데, 그대는 어찌하여 칠십에 그곳으로 떠나는가"라고 하며 측은지심惻隱之心으로 충고하였다. 하지만 그 후 친구는 가끔 산방을 찾을 때마다 자연 속 느린 삶의 여유로움을 예찬하는 전도사가 되었다.

종심의 나이는 지금까지 쌓으며 지낸 것만으로도 충분하다. 아무리 백세시대일지라도 여명은 예측하기 어렵기에 언제라도 부름이 있으면 귀천해야 한다. 지금부터는 지난 삶을 반추하며 정리하고, 아등바등하며 살기보다 주어진 여생을 느릿느릿 산길을 걷듯 여유롭게 산다. 산촌에서 느린 삶은 도시의 삶과 차이가 있어도 천천히 가는 것이 아니라 여유를 가지고 사는 것이다. 느림은 시간의 많고 적음의 차이가 아니라 주어진 시간을 여유롭게 즐기는 것이다. 산새들의 지저귐과 숲을 스치는 산바람 소리는 자연의 무결점 연주로 깊은 울림을 준다. 대미산 십이접골 무애폭포 계곡물 소리는 혼탁한 소리를 차단한다. 휘영청 달 밝은 밤에는 구름 뒤로 숨는 달님과 숨바꼭질하고, 풀벌레의 애절한 울음소리가 들릴 땐 서정에 빠진다. 모두가 잠든 성야星夜에는 고요에 젖어 초롱초롱한 별과 속삭이며 사유를 즐긴다. 비 오는 날이면 빗방울 소리를 벗삼아 책을 읽는다. 눈이 침침해질 즈음 에스페르소 한 잔으로 눈을 쉬게 하고, 진한 커피 향으로 후각을 일깨우며, 혀의 미뢰味蕾 신경섬유를 춤추게 한다. 그리고 곁들여 디지털 음원에서 벗어나 LP 레코드로 아날로그 음악을 들으며 달팽이관의 옛 추억을 되찾아 준다.

산촌 생활은 자연의 변화에 따라 고요와 정적靜寂 속에서 느낌을 음미하며 산다. 도시 빌딩 숲 가두리에서 벗어나 심장의 고동 소리를 느끼고, 산중 정온靜穩의 소리를 들으며 자연의 시간에 맞춰 여유를 즐기는 삶이다.

《느림의 모놀로그》를 상제하고, COVID-19 팬데믹으로 게으름을 피우다가 두 해 동안 쓴 글을 소재별로 모아 두 번째 에세이집 《새벽의 고요》를 펴낸다. 첫 장은 산촌에 머물며 느리게 사는 초로의 독백을 썼다. 둘째 장은 국내외 여행길에 쓴 글이다. 셋째 장은 2020년 정초부터 삼 년째 지구촌을 강타한 코로나바이러스 팬데믹 상황에서 보건학 전공자로서 쓴 칼럼이다. 넷째 장은 고전 명작

소설을 읽고 쓴 서평으로 헤르만 헤세의 〈수레바퀴 밑에서〉는 왜곡된 교육 현실을 바라보며 두 아들과 세 손자를 위하여 쓴 글이다. 제호 글씨와 표지화는 저의 반쪽이자 서예가인 오당 박옥남의 작품이다. 목차와 나눔 페이지에 삽입한 서예 글씨는 제 글 중에서 몇 문장을 아내가 골라 쓴 것이다.

  부족한 글을 꼼꼼히 읽고 해설을 써준 문학평론가 이운경 선생님, COVID-19에 대한 평설을 써준 연세대학교 지선하 교수님, 고전의 울림에 대한 평설을 해준 경희대학교 이병수 교수님께 감사드립니다. 산촌 생활을 먼발치에서 응원하는 가족 모두가 고맙고, 힘든 대입 준비에 최선을 다하고 있는 준영과 고입 준비에 바쁜 준규에게 이 책으로 위로를 전하며, 천진난만하게 뛰노는 준엽에게는 할아버지의 기운을 준다.

2022년 9월
문경 여우목골 대미산 자락 산방에서
무애無崖 박태수

• 차례

프롤로그 산중 정온靜穩의 소리를 들으며   04

1부 느린 삶의 여유

　세월의 독백   17

　봄비의 단상   20

　장맛비의 시름과 '넬라 판타지아'   24

　예禮 찬미   29

　'자유'와 '방종'   34

　느린 삶의 여유   39

　가을 비   44

　만추의 독백   49

　새벽의 고요   53

　소나무야, 소나무야   58

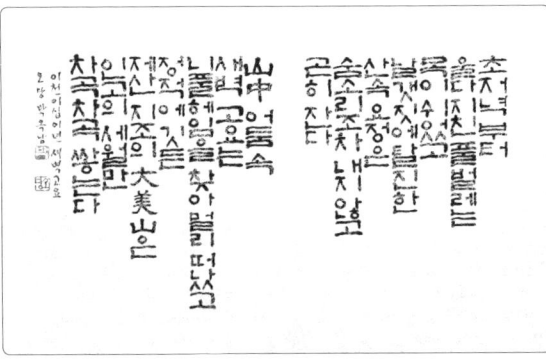

2부 나에게 쓰는 여행 편지

   소수서원을 찾아서   65

   여궁폭포   70

   고모산성 탐방   72

   늦가을 소풍   77

   촛불   79

   나에게 쓰는 여행 편지   83

   잉카인의 태양 축제   88

   산티아고 순례길 첫날   93

   '송쿨' 호수의 비경   99

   천상의 호수 '이식쿨'   107

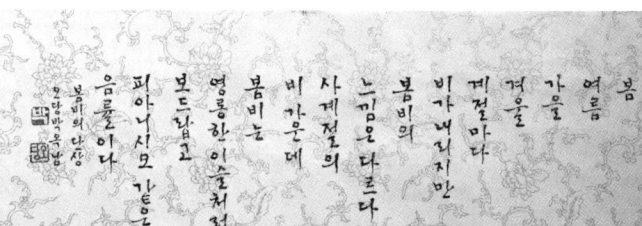

3부 COVID-19 이야기

춘래불사춘春來不似春　117

코로나 패러독스paradox　121

'새로운 정상'의 도래　123

'COVID-19' 게 섰거라　125

그래도 희망은 있다　127

코로나 팬데믹과 산촌 생활　129

코로나와 함께하는 일상　131

코로나바이러스 팬데믹　133

COVID-19의 고통을 위로하며　138

역사 속 역병과 코로나 이야기　142

4부 고전의 울림

삶, 존재자, 생성의 소리　151
　- 헤르만 헤세, 〈싯다르타〉

파멸할 수는 있어도 패배할 수는 없다　160
　- 어니스트 헤밍웨이, 〈노인과 바다〉

한 점으로 창공에 머문다　165
　- 생텍쥐페리, 〈야간비행〉

진정한 사랑을 찾아서　172
　- 제인 오스틴, 〈이성과 감성〉

반항한다, 고로 존재한다　180
　- 알베르 카뮈, 〈페스트〉

또 기다린다, 그가 오는 그날까지　191
　- 사뮈엘 베케트, 〈고도를 기다리며〉

백년의 고독에 빠지다　200
　- 가브리엘 마르케스, 〈백년의 고독〉

안개 인간들을 위한 진혼곡　218
　- 유진 오닐, 〈밤으로의 긴 여로〉

영원의 자아를 찾아서　226
　- 헤르만 헤세, 〈수레바퀴 밑에서〉

신념에 찬 행동　234
　- 어니스트 헤밍웨이, 〈누구를 위하여 종은 울리나〉

【작품해설】

자연의 다양한 변주와 감각의 확장 **이운경**　244

코로나 팬데믹을 넘어 환경생태계를 지키자 **지선하**　258

사물과 사람에 대한 온유한 시선 **이병수**　260

1부
느린 삶의 여유

느린 삶의 여유

時空間의 차이가 있어도
느림은 천천히 가는 것이
아니라 여유를 찾아 줄기며 사는 것이고 느린 삶은
시간이 많고 적음의 차이가 아니라 똑같이 주어진
시간을 여유롭게 가꾸려는
사람의 몫이다

임인년 가을 모당 박옥상

자연의 사계는 계절마다 아름답지만,
그 속 식물은 순환하는 시각에 맞춰
그 섭리를 받아들인다.
엄동설한의 모진 추위를 참으며
봄에는 화려하게 소생하여 꽃을 피우고,
여름에는 치열한 생육을 거쳐
가을에 결실을 맺는다.

– 〈만추의 독백〉에서

세월의 독백

하루의 시간은 누구나 똑같다. 더 많이 사용하고 싶어도 그럴 수 없다. 젊을 때는 발버둥치며 살다 보니 늘 시간이 부족하였으나, 은퇴 후는 시간이 넉넉하여 여유롭다. 느린 삶을 살고파 몇 년 전 그 꿈을 좇아 산촌으로 들어왔다.

이른 아침 창문을 활짝 열어 눈부신 햇살과 마주하고, 심호흡으로 싱그러운 공기 한 모금 가슴 깊은 곳에 채운다. 하루는 몇 안 되는 이웃과 인사하는 것으로 시작한다. 그리고 뒷산에 올라 숲과 이야기하며 하루를 보낸다. 가지치기와 잡목을 제거하고 길을 다듬다 보면 어느덧 해가 서쪽 산허리에 숨는다. 저물녘에 내려오면 몸은 지쳐도 마음은 기쁨으로 가득하다.

세월도 계절에 따라 변한다. 봄이 되면 지천으로 널린 새싹은 생기가 돋고, 화사한 봄꽃은 짙은 향을 피워 일손을 멈추게 한다. 여름에는 싱그러운 산들바람이 신록을 춤추게 하고, 불볕더위에 지칠 즈음 내리는 시원한 소낙비는 더위를 물린다. 오색찬란한 단풍에 눈길을 뺏기면 추수로 바쁜 일손 멈추고, 가랑가랑 뿌리는 가을비는 우수에 젖게 한다. 새하얀 눈이 내리면 산속 동물들도 겨울잠 자고, 벌거숭이 나무들은 실존과 마주하며 철학의 시간에 빠진다.

   대낮의 붉은 태양이 대지 위에 결실을 이어갈 때, 산새들은 재잘재잘 흥을 돋우고, 어디선가 불어오는 산들바람은 가슴속 찌든 때를 날려보낸다. 해가 지고 밤이 되면 달님과 숨바꼭질하며 은하수 강에서 쪽배 타고 심연에 허우적거리며 사유를 즐긴다.

     저문 시간 사이로
     침묵의 강이 흐르고
     차디찬 어둠 사이로
     울음의 강이 흐른다

     아지랑이 강 저편에는
     허공을 휘젓는 손끝이 아른거리고
     고독 지옥의 영혼은
     외로움 달래며 기다리라 손짓한다

     마야Māyā의 미혹迷惑에 불과한 인생은
     뿌리 없는 평초萍草처럼 강물 따라 흐르고

세월은 피안彼岸 차안此岸 떠나
섭심攝心하여 실존實存을 찾으라 한다

갈 길 찾지 못한 고로孤老의 영혼은
아직도 수미산須彌山을 헤매고
무심한 현실의 강은 허기진 영혼 싣고
어디론가 흘러간다

 인생 사계의 느낌은 나이 들수록 다르게 가슴에 다가온다. 칠십을 살았지만, 그 느낌의 차이는 세월만이 안다. 아이들아, 아는 것 별로 없어도 아비는 너희에겐 무엇이든 알려주고 싶으나 나이 들어 느낀 세월의 심정은 지금 알려줄 수 없구나. 훗날 너희가 부모 나이 되면 스스로 알 터이니, 그때까지 기다려라. 하지만 그때는 우리가 되돌아올 수 없는 강을 건넜겠구나.
 부대끼며 고단하던 시간은 지났다. 은퇴는 살아온 삶을 뒤돌아보며 성찰하고, 앞으로 어떻게 살아야 할까 생각하며 정리하는 시간이다. 오늘도 호젓한 산길을 홀로 걷는다. 때론 그리움도 드리우지만, 아내와 둘이 걸을 땐 옛 추억을 떠올리며 행복을 속삭인다.
 무심한 시간은 유수처럼 흘러가지만, 오늘도 한 그루의 소나무를 보듬으며 나만의 공간에 흔적을 쌓는다. 훗날 아이들이 이 길을 걸으며 부모를 회상하고, 서로 믿고 사랑하도록 한 톨의 씨앗을 뿌린다. 아이들아 '금지타사今之他事 후지아사後之我事'를 잊지 마라.

봄비의 단상

 봄을 재촉하는 상큼한 비꼬치가 겨우내 마른 땅에 차락차락 생명수를 뿌린다. 새벽잠에서 깨어 산방 테라스 발코니 창을 열고, 어둠 속 대지 위에 내리는 봄비 소리에 산토끼처럼 귀를 쫑긋 세워 자연의 속삭임을 엿듣는다.
 달님도 불 빌리러 별님 댁에 갔는지 보이지 않고, 대지는 비구름이 몰고 온 새벽어둠을 품는다. 적막공산의 봄비 소리에 마음의 빗장을 풀어 감응하며 그동안 쌓인 스트레스를 씻어낸다. 비록 이곳이 깊은 산속 가람伽藍은 아니어도 산중 적막감에 빠져 무념무상이 되고, 빗방울 요정의 잔잔한 리듬은 마음의 파동을 일으키며 새날을 기다린다.
 봄·여름·가을·겨울 계절마다 비가 내리지만, 봄비의 느낌은 다르다. 사계절의 비 가운데 봄비는 영롱한 이슬처럼 보드랍고 피아니시모 같은 음률이다. 이번 비로 여린 식물은 따뜻한 봄볕을 받으며 생기生氣할 준비를 마칠 것 같다.

　백두대간 중심부에 자리한 대미산 여우목재의 봄비는 그동안 느꼈던 감성과 차이가 있다. 도시에서는 비가 오면 우산을 챙기고 불편함이 먼저 떠오르지만, 산속 비는 참으로 비오祕奧한 현상이라 불편의 대상이 아니라 운치를 음미하며 마음의 여유와 한가로움에 빠지게 한다.

　안개구름 사이로 어슴푸레한 여명이 찾아든다. 동쪽 산자락 낙엽송 군락에는 봄기운이 하늘 향해 서리서리 피어오르고, 서쪽 주흘산 산정의 연인과 눈 맞춤은 오늘따라 비구름이 몸부림치며 시새움한다. 늦잠에 빠진 그녀를 깨우려 쇼팽의 '빗방울 전주곡'을 들려준다. 왼손 반주가 빗방울을 연상시켜 이런 별칭이 붙은 곡으로 풍부한 음량과 변화를 살린 피아니스트 루빈스타인의 감미로운 연주를 들으며 새아침을 시작한다.

　백두대간 대미산 중턱 산자락의 봄은 아래쪽 읍내보다 짧게는 일주일 길게는 열흘 이상 늦게 찾아온다. 오늘처럼 성기盛氣한 봄비가 내릴 땐 왠지 온몸을 적시며 여기저기 돌아다니고 싶은 충동을 느낀다.

　산방을 짓고 심어둔 단감나무가 2년이 지나도 아카시아와 이름 모를 잡목에 가려 제대로 자라지 못한다. 특히 주변 칡덩굴과 다래 같은 줄기 식물에 덮여 햇빛을 볼 수 없는 식생 환경 때문이다. 비를 맞으며 뒷산에 올라 잡목을 정리하고 단감나무에 햇볕을 돌려

준다.

　전지톱으로 주변 정리를 마치자 이제야 반듯한 모습을 드러낸다. 하지만 아직 땅 밖으로 생육하지 않은 줄기 식물이 가만둘지 걱정이고, 아카시아와 잡목도 엄연히 이 산의 구성원인 것을 주인의 권리행사로 안타깝게 잘림을 당한 녀석들에게 미안하다.

　산속 삶은 잡목과 잡초와의 전쟁이다. 하지만 봄비를 머금은 식물은 기운을 받아 왕성한 활동이 땅 아래위에서 이미 진행 중이다. 낙엽을 살짝 걷어내면 파릇파릇 여린 새싹이 수줍은 얼굴을 뾰족이 내밀고 반갑게 미소 지으며 머리 위 낙엽을 치워 주길 바란다.

　이미 힘센 식물은 낙엽을 밀쳐내어 하늘 향해 솟구치고, 날카로운 가시로 무장한 산찔레는 벌써 길게 줄기를 키워 이곳저곳 휘저으며 영역을 넓힌다. 칡과 다래넝쿨도 이에 질세라 옆 나무를 휘감아 올라 밀림의 타잔처럼 주변 나무까지 차지하고 덩굴식물의 왕좌에 서로 앉으려 한다.

　도시에서 푸른 숲의 느낌은 언제나 아름답다고 막연한 생각을 하였다. 그러나 산속 삶을 시작하고부터 푸르다고 하여 모두 좋은 것이 아니라, 함께할 것과 그렇지 않은 대상을 구분할 수밖에 없는 생태환경의 이중적 현실에 직면한다. 마치 삶에서 자신의 이상만 좇아 살 수 없고, 때로는 다른 이상의 굴레에 빠져들 수밖에 없듯이 자연에서도 이중적 잣대를 적용하게 되는 것은 어쩔 수 없는 것 같다.

　자연 속 생물은 식생 환경 변화에 따라 살아남거나 도태하지만,

인간이 그곳에 들어가면 변화는 피할 수 없다. 선택은 필요도에 따라 유불리를 따져보고 변화를 도모하는 것이 인간이 지배하는 자연의 법칙인 것 같다.

인간은 서로 다른 이상을 가지고 있고, 자신의 이상을 실현하기 위한 노력이 삶의 원동력이다. 그러나 서로 대립하는 가치에 따라 다른 이상을 좇거나 따라야만 할 때도 있고, 때로는 비이성적인 규범을 만들어 지키길 요구하고 강요한다.

코로나바이러스가 크게 유행하여도 봄은 잊지 않고 우리 곁을 찾았으나 봄나들이 기회는 어느덧 두 해나 잃어버렸다. 가족이나 벗을 만날 수 있는 인원 제한 완화도 기대하기 어렵고, 현재로선 백신접종 목표가 앞당겨지지 않는 한 앞으로도 일상의 규제는 당분간 이어질 것 같다.

오늘도 강제 질서가 강요되고 있지만, 산속 식물은 계절의 시각에 맞춰 봄이 되자 가녀린 새싹을 틔우고 화사한 꽃망울을 터뜨린다. 스치듯 지나가는 싱그러운 봄 향기는 코끝을 자극한다. 나뭇가지에 스치는 바람과 빗방울 소리는 앙상블을 이룬다.

그간 칠십 평생 살았던 도시의 편안함을 뒤로하고, 거칠지만 자연 속 한 점이 되어 사는 것도 그 나름의 가치가 있다. 오늘도 산속 봄비의 진향震響을 느끼며 즐기는 사유思惟는 그 무엇과도 바꿀 수 없는 나만의 보석이다. "인간은 스스로 선택에 의해 자신의 모습을 만들어 간다"라는 사르트르의 말처럼 전원에 몸과 마음을 맡기고 풍월을 벗하며 자연이 허락해준 새로운 삶을 살아간다.

장맛비의 시름과 '넬라 판타지아'

올 초부터 코로나바이러스란 불청객이 소리 없이 찾아와 공포의 도가니에 몰아넣더니, 엎친 데 덮친 격으로 팔월 늦장마에 태풍까지 곁들여 고통이 더욱더 깊어진다. 기상이변으로 시기가 정해진 장마철이 따로 없고, 좁게는 국지성 호우가 넓게는 특정 지역에 집중하여 물폭탄을 퍼부어 피해를 키운다.

연일 텔레비전 뉴스와 재난방송에서는 순식간에 삶의 터전을 잃어버리고 실의에 빠진 현장을 보도하고, 무심한 장맛비는 복구도 하지 못하게 쉬지 않고 장대비를 뿌린다. 설상가상으로 '장미'란 이름을 가진 태풍까지 남부 내륙을 비켜 지나가며 며칠째 중남부 지방에 많은 비가 내린다. 오늘도 무심한 장맛비는 그칠 줄 모른다.

지난달 하순 장마 초기에 산방 뒤편에 쌓은 축대에 비 피해가 있어 남의 힘을 빌리지 않고 아내와 둘이서 겨우 복구하였는데, 요 며칠 비가 계속 내렸고 오늘도 세찬 빗줄기가 대지를 흠뻑 적신다. 다행히 복구 이후 더는 피해가 없으나 오늘밤도 뒷산에서 빗물과 함께 토사가 떠내려오지 않을까 걱정이다.

옛말에 장마가 길면 "보은報恩 색시들이 들창을 열고 눈물 흘린다"라고 하였다. 대추골인 보은 지방은 대추 수확이 좋아야 시집갈 혼수 비용을 마련할 수 있는데, 긴 장마는 대추를 여물지 못하게 하기 때문이다. 반대로 장마가 짧으면 이북의 관북 지방 "갑산甲山 처녀들은 삼麻대를 흔들며 눈물을 흘린다"라고 하였다. 장마가 짧아 삼이 덜 자라고, 흉마凶麻가 되면 혼수를 장만하지 못하여 삼베 몇 필에 오랑캐에게 팔려 갈 수 있기 때문이다.

이처럼 장마는 길어도 안 되고 짧아도 안 된다. 비 피해 없이 적당히 내리면 좋겠지만, 어찌 그것을 사람의 힘으로 조절할 수 있겠는가. 지금은 대추와 삼을 팔아 시집갈 시대는 아니다. 그러나 폭우에 물 걱정하지 않고 살 수 있도록 관리나 잘하였으면 좋으련만, 그것마저 자유롭지 못하니 시름이 깊다. 다산이 지은《여유당전서與猶堂全書》에 실린 오언율시〈장맛비 久雨〉한 수를 옮긴다.

窮居罕人事　궁핍한 살림이 인사치레도 없고
恒日廢衣冠　날마다 의관을 갖출 일도 없구나.
敗屋香娘墜　썩은 지붕에선 향랑각시 떨어지고
荒畦腐婢殘　묵은 밭두둑에는 팥꽃이 남아 있네.
睡因多病減　잔병이 많아서 잠이 줄어들어

愁賴著書寬 글 쓰는 일로 시름을 달랠 따름.
久雨何須苦 장맛비라고 무어 괴로워하랴
晴時也自歎 맑은 날에도 홀로 탄식하거늘.

다산은 젊은 시절 서학西學으로 오랜 기간 전라남도 강진에서 유배 생활을 하였다. 1804년(순조 4년) 가을 장맛비가 내리는 날 유배지에서 우울한 심사를 쫓아 버리려고 지은 오언율시다. 그는 유배지에서 병마와 싸우며 잠도 제대로 자지 못하였지만, 당시 《주역》의 전箋을 저술하며 시름을 달랬다.

예나 지금이나 장맛비는 세월을 떠나 걱정하였나 보다. 힘든 시기에 비 피해를 걱정하지 않을 수 없지만, 그렇다고 하여 걱정만 할 수는 없지 않은가. 하루빨리 그 고통에서 벗어날 수 있는 의지와 용기를 나누자.

정치꾼은 혼란과 방황을 부추기며 서로 네 탓 내 탓 타령만 한다. 그들은 비 피해도 없고 누추한 곳에서 잠잘 일도 없다. 며칠 전 한 정치인은 "기상청이 예보의 정확도를 높였으면 좋겠다"고 한다. 정확히 예보한들 물폭탄을 피할 수 있었겠는가. 물론 정확도와 신뢰도를 높이면 좋겠지만, 그들이라고 높이기 싫어서 그런 것이 아니지 않는가.

대륙에 붙은 좁은 반도에 산지가 70%나 되는 지형적인 특성도 있고, 지구 환경 파괴로 기상이변이 춤추는 상황에서 국지성 돌발 폭우는 신들도 어찌할 바를 모를 것이다. 이 시점에서는 그 누구에게 탓을 돌리기보다 피해로 실의에 빠진 이들을 위로하고, 희망을 주는 따뜻한 말 한마디가 위안이 된다.

지금 이 시각 비록 어둠 속에 있어도 태고부터 어둠이 빛을 이긴 적은 없다. 멀지 않아 장마는 물러가고 한여름 빛나는 태양이 그들을 위로할 것이다. 이럴 때 들으면 마음이 편안해지는 음악을 감상하면 어떨까.

힘든 시기를 보내고 있는 모든 이들에게 아름답고 웅장한 오케스트라의 〈가브리엘 오보에Gabriel's Oboe〉를 들려주고 싶다. 원곡은 영화 〈미션〉을 위하여 엔니오 모리코네가 작곡한 〈'오보에'를 위한 기악곡〉이었지만, 1998년 사라 브라이트만이 자신의 앨범 〈Eden〉에 〈넬라 판타지아Nella Fantasia〉란 곡명에 가사를 붙여 노래한 후 음악 애호가로부터 더욱 사랑받는다.

나의 환상 속에는 올바른 세상이 보이고, 그곳에서는 누구나 평화롭고 정직하게 살 수 있다. 저기 떠다니는 구름처럼 나는 영혼이 늘 자유롭기를 꿈꾼다. 영혼 깊이 인간애가 가득한 그곳! (중략) 나의 환상 속에는 따뜻한 바람이 불고 그 바람은 친구처럼 도시로 불어온다. 저기 떠다니는 구름처럼 난 영혼이 늘 자유롭기를 꿈꾼다. 영혼 깊이 인간애가 가득한 그곳!

영화 〈미션〉은 예수회 선교사가 원주민 마을에 복음을 전파하려 하나 대화가 통하지 않자 음악으로 사랑의 마음을 전한다. 원주민들도 〈'오보에'를 위한 기악곡〉의 아름다운 멜로디에 감응하듯 마음의 문을 열고 받아들인다. 멜로디는 귀에 쉽게 들려 기억되고, 리듬을 흥얼거리며 따라가다 보면 뇌리에는 대자연 속 한 폭의 아름다운 장면이 그려진다.

잔잔한 감동을 주는 영화 〈미션〉의 주제곡인 〈가브리엘 오보에〉는 어떤 악기의 연주도 다 좋다. 하지만 이 곡은 오보에나 플루트의 음색과 잘 어울린다. 연주를 듣다 보면 나도 몰래 마음이 편안하고 맑아지는 느낌에 빠져든다. 하루빨리 장마가 물러가고, 실의에 찬 이들에게 희망의 태양이 다시 떠오르길 기도하며 이 곡을 보낸다.

예禮 찬미

경자년 시작부터 COVID-19의 창궐로 세계는 전염병 공포에 빠져 헤어나지 못하는 참담한 일상이 이어진다. 그런가 하면 국내 정치도 위선자들이 판치는 권모술수로 국민의 안녕은커녕 진영의 이익을 좇아 법의 근본이 뒤흔들리는 상황의 연속이다.

눈앞에는 행복과 슬픔, 성공과 실패, 극복할 수 있는 것과 없는 것, 모호한 것과 혼란스러운 것이 산더미처럼 쌓여있다. 이런 실상을 아랑곳하지 않고 유한한 시간은 속절없이 흘러간다. 이 같은 대립의 한계상황에서 어떻게 돌파구를 찾아야 할까.

이런 현실은 문제의 깊이를 인식하고 이성의 공간으로 데려가 현명한 지혜를 모아 근본에서 벗어나지 않는 묘안을 찾아야 한다. 자신과 집단의 이익을 위하여 사악하게 해명하고, 문제 아닌 문제를 만들어 굴비 엮듯 메어서는 안 된다.

현대사회는 근본적으로 갖추어야 할 이성의 가치가 무너져 예禮의 근본이 실종한 암울한 사회가 되었다. 위정자들은 불감증의 늪에 빠져 현실을 깨닫지 못하는 참담하고 암울한 현실이 안타깝다.

이성적인 예의 본질은 형식이 아니라 처한 상황이고, 사회적 과시가 아니라 인성을 갖춘 표출이며, 외적인 허례가 아니라 내적인 실제를 표하는 것이다. 즉 대악大樂은 필이必易하고 대례大禮는 필간必簡과 일맥상통하는 것이다. 그러므로 예는 절도를, 낙樂은 사람 간의 이성적 화합을 말한다.

너무 예에 치우치면 경직되고, 낙에 치우치면 문란해지기 마련이다. 그렇기에 현인은 예는 간단해야 하고 낙은 쉬워야 한다는 것이다. 따라서 예의 본질은 인간의 순수한 이성적 감정이 담긴 예법禮法이다. 하지만 일상에서 실천하기란 말만큼 쉽지 않으나 근본을 중시하는 삶의 가치를 생각한다면 물 흐르듯 흘러갈 수 있다.

세월의 시각은 기다려 주지 않고 흐름은 빠르다. 엊그제 새해를 맞이하였으나 벌써 한 해 끝자락에 닿아 메마른 나뭇가지에 마지막 낙엽 한 조각이 찬바람에 떨어질 듯 몸부림치는 산책길 풍경이 뇌리에 오버랩된 우울한 연말이다.

톨스토이는 "세상에서 가장 큰 행복은 한 해가 끝날 때 그해의 처음보다 더 나아진 자신을 느낄 때"라고 하였다. 그러나 전 세계 인류는 올 한해 모두 COVID-19 팬데믹으로 행복하여야 할 시간을 허공에 날렸고, 정치적 정쟁까지 겹쳐 어느 해보다 행복할 수 없는 우울한 한 해였다.

행복의 크기와 목표의 가치는 사람마다 다르다. 하지만 더 큰 행복을 찾으려면 지금 누릴 수 있는 작은 행복부터 감사하는 마음을 가져본다. 신축년 새해에는 산타할아버지의 성탄 선물을 기다리는 어린아이의 소망처럼 눈앞에 큰 행복이 성큼 다가올 것을 기대해 본다.

아리스토텔레스는 "행복은 우리 자신에게 달려있다"라고 하였다. 현실을 직시하고 작은 행복을 찾아 감사하며, 그것을 쌓아 더 큰 행복으로 만들어 가는 새해의 꿈을 품어본다.

논어 제3편에 노나라 사람 임방林放이 공자에게 예의 근본을 여쭙자 선생은 "대단한 질문이로다! 예는 사치스럽기보다는 차라리 검소한 것이 낫고, 상례는 형식을 잘 갖추기보다는 오히려 슬퍼하는 것이 낫다"라고 했다. 예는 중용을 존중하고, 마음가짐을 올바르게 하여야 하며, 상례는 용모와 거동을 단정히 하라는 공자의 가르침이다. 이처럼 예는 사이奢易를 배척하고, 상례는 검척儉戚을 강조한 것이다.

예의 본질은 성誠에 있다. 황금만능 사고가 팽배하여 이성이 무너지고, 성의 본질을 상실한 예가 무슨 소용이 있겠는가. 마음속에 성의가 없다면 아무리 형식을 잘 갖추었다고 하여도 예의 본질에서 멀리 떨어져 있을 뿐이다.

사치스럽게 옷을 잘 차려입은 사람이 예의 없는 행동을 하는 것을 보면 속이 비어 보인다. 꼭 옷만이 아니다. 사람이 많이 가졌어도 가진 것을 절제하며 잘 사용하고, 겉치레가 아니라 마음을 담은 예가 중요하다. 비록 검소한 옷차림이라 할지라도 예의 바른 사람은 품위가 있어 보인다.

근본을 귀히 여기는 것은 형식적인 수식에 불과하나 실용을 가까이하는 것은 합리적인 가치를 추구해야 할 지향이다. 근본과 실용 두 가지를 합쳐 성의를 갖춘 예의 형식을 이룬다면, 모든 예는 소탈함에서 시작하여 형식적인 수식에서 벗어나 완성되고, 쾌락에서 끝을 맺어 행복을 추구할 수 있다. 군신·부부·부자·붕우·장유 간에도 예를 갖추어야 마음이 상통하고, 신뢰와 정이 깊어져 진정한 행복이 깃든다.

우리는 동방예의지국으로 예를 근본으로 삼았고, 무엇보다 예를 찬미한 민족이다. 그러나 언제부터인가 이런 문화가 하룻밤 꿈처럼 사라져버렸다. 기계적인 시간에 쫓긴 치열한 경쟁과 황금만능이 지배하는 문화가 지켜야 할 예의 근본을 삼켜버렸다.

여행길에 미국에서 오래 머물면서 산책길에 모르는 사람과 마주하면 누가 먼저라고도 할 것 없이 '굿모닝', '하이', '헬로우' 하며 인사를 건넨다. 처음엔 당황하였으나 이젠 미국 사람이 다 된 것처럼 먼저 인사를 나눈다. 한국에서는 상상할 수 없는 미국식 인사문화에 익숙해진다.

가랑비가 자박자박 내리는 성탄절 아침에 윌라멧 강변 '리버 프런트 시티 파크 오브 세일럼'의 산책길을 걷는다. 울적한 마음에 우산도 쓰지 않고 비를 맞으며 느릿느릿 걸었으나, 스쳐 가는 사람마다 웃으며 '메리 크리스마스' 하는 인사에 응대하다 보니 나도 몰래 기분이 편안해진다. 이처럼 인사는 상대의 마음을 포근하게 감싸는 마법 같은 마력이 담겨있다.

　인사란 마주하거나 헤어질 때 예의를 표하는 의미지만, 깊은 뜻은 사람으로서 해야 할 가장 근본적이고 이성적인 예의다. 윗사람에게 여쭙는 일상의 문안부터 철 따라 신년 인사, 세배, 삼복 인사, 추석 인사 같은 명절 인사가 있다. 또한, 생일, 조문, 병문안, 결혼, 승진이나 출판을 축하하는 인사처럼 예를 갖추어야 할 것이 많다. 세월이 흘러 인사의 예가 어떻게 변할지 모르지만, 2천5백 년 전 공자의 가르침은 변하지 않을 것이다.

　따뜻한 인사 한마디는 닫혔던 마음을 연다. 복잡하고 바쁜 현대 사회에서 행복한 삶을 위해서는 이성의 근본을 잃지 않고 바른 예를 갖추어야 한다. 따뜻함과 아름다운 마음을 가지기 위해서는 외형의 치장이 아니라, 스스로 내면을 들여다보며 예의 근본적인 가치를 깨달아야겠다.

'자유'와 '방종'

 산속 산방 빨래터 천정에 장수말벌이 신접살림을 차려 이사 왔다. 하루가 다르게 벌집의 크기가 화려한 색상을 띠며 커진다. 가끔 애벌레가 꿈틀거리는 모습이 맨눈으로도 볼 수 있고, 일벌들은 어디에선가 식량을 구해오며 바쁘게 일한다.
 처음 발견하였을 땐 신기하였으나 벌집이 커지고 숫자가 많아지자 두려웠다. 며칠 전 다른 두 곳에 지어 놓은 작은 벌집을 혼자 제거하였다. 그 경험을 살려보려 하였으나, 아내는 벌집도 크고 경계하는 말벌도 많아 위험하다며 말렸다.
 이웃에게 어떻게 처리하면 좋을까 물었다. 지난 초여름 가까운 읍내에 사는 젊은이가 말벌에 쏘여 어린 처자를 남기고 세상을 떠났다는 이야기를 전하며 119에 도움을 받으라고 일러준다.
 소방센터에 전화로 도움을 청하자 30여 분 만에 젊은 소방관 두

분이 가쁜 숨을 몰아쉬며 맨몸으로 찾아왔다. "왜 안전 장구도 없이 걸어왔느냐"고 묻자 "올라오는 길이 막혀 차를 산 아래 길옆에 두고 왔다"고 한다.

한 소방관이 "과수원에 농약 치러 온 농부의 화물차가 외길에 주차하고 있어 잠시 옮겨 달라"고 하자, 농부는 "이 길은 정식 도로가 아니니 다른 길로 돌아가라"고 하여 "우선 현장을 확인하기 위하여 가파른 산길을 300여 미터 걸어왔다"고 한다.

소방관의 이야기를 듣는 순간 측은하기도 하고, 공권을 무시한 농부에게 따지려고 하자 그들이 말렸다. 그곳은 엄연한 도로이고, 자신의 편의를 이유로 외길에 화물차를 주차한 것은 불법이며, 더구나 출동한 소방차의 통행을 방해한 농부의 방종은 도를 넘었다. 이처럼 우리 사회는 언제부터인가 자유와 민주화를 핑계로 공권을 무시하고, 불법과 편법으로 방종이 판치는 현실을 이 산골에서도 볼 수 있다는 것이 너무 안타깝다.

두 달 전까지 미국 오리건주의 시골 마을에 머물며 일 년을 여행하였다. 땅 넓은 미국에서 자동차는 신발과 같다는 말처럼 차가 없으면 아무 곳도 갈 수 없다는 이야기를 몸소 체험하였다.

하루는 소형 사륜구동차를 사러 자동차 딜러 매장을 찾았다. 아는 정보라고는 운전면허증만 있으면 차를 살 수 있고, 이곳에서는 차를 살 때 세금이 없다는 정도였다. 하지만 취득세와 등록세 같은 세금을 내지 않으려면 반드시 오리건주 면허증을 소지해야 한다는 사실을 제대로 알지 못하고 계약서에 서명한 후 무려 5천5백 달러나 되는 세금이 차 가격에 포함된 것을 알았다.

 딜러에게 사정을 이야기하자 그는 내일 오후 5시까지 오리건주 면허증을 가져오면 세금을 면제받을 수 있고, 그렇지 않으면 계약서대로 세금을 내고 계약을 이행하든지 아니면 위약금을 물고 계약을 해지할 수 있다고 알려준다.

 집에 돌아와 이곳에서 유학한 작은 아들에게 전화하여 사정을 이야기하자 면허시험의 핵심을 요약 정리해 주었다. 즉 "운전할 때 닥칠 수 있는 위험 상황 대처요령과 도로 표지판 인식 능력, 그리고 교통법규와 우선 차량에 대한 기본 지식을 논리적으로 생각하면 합격 점수인 80점은 무난히 받을 수 있다"고 한다. 순간 잘하면 우리 부부 중 한 사람은 합격할 수 있겠지 하며 스스로 위안하였다.

 미국에 도착한 지 며칠 되지 않아 시차 적응이 안 되어 간밤에 잠을 설쳤고 시험공부도 할 수 없어 부담되었지만 'DMV(Department of Motor Vehicles)'를 찾을 수밖에 없었다. 이미 많은 사람이 줄지어 있어 차례를 기다리다 오후 2시가 넘어 운전면허시험을 볼 수 있었다.

 시험은 열 명씩 입장하여 모니터를 보고 35문제를 차례차례 보여주는 지문을 읽고 답을 클릭하면 실시간 채점 결과를 알 수 있다. 운 좋게 27문제까지 한 문제도 틀리지 않았고, 28번째 문제의 답을 체크하자 "당신은 더 이상 문제를 풀 필요가 없습니다. 합격입니다"라는 메시지가 떴고, 순간 머리가 텅 빈 듯 한동안 자리에 앉아 있었다. 이 시험을 통과함으로써 세금을 한 푼도 내지 않고 차를 샀다.

미국은 주마다 교통법규가 약간씩 차이가 있지만, 오리건주 면허시험에서 가장 중요한 기준은 위반 시 법 적용의 엄정한 페널티와 어린이와 노약자에 대한 배려, 그리고 무엇보다 우선 통행 차량의 진로를 방해하였을 때 받을 수 있는 추상같은 법과 원칙들을 여러 각도로 출제한다.

특히 소방차, 통학차, 구급차, 경찰차와 같은 차량의 진로를 방해할 땐 우리나라에서는 상상할 수 없을 만큼 범칙금과 함께 교통안전교육 이수, 보험료 인상 등이 뒤따른다. 그리고 2차 적발 시에는 두 배의 범칙금과 보험료 인상이 따르고, 반복될 때는 현행범으로 처벌 대상이 된다. 교민들의 이야기를 빌리면 비싼 범칙금 때문에라도 미국에서는 교통법규를 지킬 수밖에 없다고 한다.

벌집을 제거한 후 두 소방관과 차를 마시며 잠시 미국에서 운전면허시험과 법규를 엄격히 지켜야 하는 내용을 들려주었다. 그들은 우리나라도 엄정하게 법이 집행되었으면 좋겠다고 한다. 소방 일선에서는 그렇지 못하기 때문에 대형 화재나 사고에서 희생자가 늘어나고, 동료가 희생되는 일도 일어난다며 안타까워한다.

분초를 다투는 대형 화재가 발생하면 불법주차 차량 때문에 진화나 환자 후송이 지연되어 안타깝게도 생명을 구하지 못하였을 때는 사명감을 떠나 자책과 허탈에 빠진다고 한다. 특히 동료가 희생되면 심각한 우울증에 빠진다며, 몇 년 전 발생한 충주 사우나 화재 사건 이야기를 들려준다. 그리고 지금도 시민들의 참여 의식이 부족하여 그런 유형의 현장 상황이 일상처럼 반복되어도 그때뿐인 단속이 아쉽다고 한다.

　벌집 제거 후 주의사항을 들려주며 대화를 이어갔지만, 그들 얼굴에선 웃음을 찾을 수 없다. 제복 가슴에 달고 있는 '근조 리본'을 보고서 며칠 전 가스 폭발 사고로 현장에 출동하다 산사태로 숨진 젊은 소방관의 희생을 애도하고 있는 것을 알았다. 불법과 방종이 넘치는 현실이 안타깝고, 이것을 내버려 두는 관련 당국과 자신의 편리만 쫓아 방종을 자유로 착각하는 사람을 경멸하고 비판한다.

　칠십 평생 처음으로 공권의 도움을 받으며 일어난 예기치 않은 현장을 보면서 자신만의 편리, 불법과 방종을 구별하지 못하는 것 같아 씁쓸하다. 비록 작고 사소한 것 같지만 '작은 구멍 하나가 거대한 댐도 무너뜨릴 수 있다'는 교훈을 생각할 때, 자신만의 편의를 위하여 방종을 자유로 착각하면 안 된다. 법과 질서는 모두가 지켜야 무너지지 않고, 공권은 추상같이 지켜야 법치가 완성된다.

느린 삶의 여유

몇 년 전 파미르고원 횡단 여행을 하며 속도 경쟁 없이 사는 오지 체험을 아흐레 동안 하였다. 이른 아침 창으로 쏟아져 들어오는 눈부신 햇살에 잠을 깨고, 맑은 공기 한 모금 들이키며 잠자리에서 일어난다. 하루의 시작은 그동안 바쁜 삶에서 쌓인 스트레스를 창공의 소沼에 내던지며 출발한다.

낮에는 자연을 벗삼아 사는 파미르 사람의 소박한 삶을 돌아보며 이곳저곳 기웃거린다. 빙하수가 흐르는 계곡 주변 초지에는 양떼가 노닐고, 혹시 늑대 공격이 있을까 목동은 지킴이 개에게만 맡기지 않고 주변을 살핀다.

걷다 지칠 즈음 바위에 걸터앉아 흰구름이 창공에 그린 화폭을 감상하고, 계곡의 풍광과 산새 소리에 눈과 귀를 내어주며 휴식을 취한다. 그리고 수정처럼 영롱한 별빛 광채가 쏟아지는 밤에는 구름 속을 헤집고 다니는 달님과 술래잡기하다 잠자리에 든다.

어느 날 양 떼가 도로를 독차지하여 가고, 파미르의 깊은 골처럼 주름진 얼굴의 양몰이꾼은 무심도인無心道人처럼 막대기를 질질 끌며 뒤따른다. 때마침 먼지를 휘날리며 러시아제 낡은 트럭 한 대가 고원길을 힘들게 달려왔으나, 경적은커녕 양무리가 놀랄까 봐 스스로 피해주기만 기다린다. 바쁜 문명세계에서 볼 수 없는 순수한 여유로운 풍경이다.

노인은 양과 소통하듯 중얼거리며 지팡이로 바닥을 두들기자, 양들은 알아차리고 길옆으로 피하여 걷는다. 양과 노인의 소통은 팬터마임 희극 한 장면을 보는 듯하다. 이처럼 파미르 사람은 시간을 앞서지 않고, 그 속에는 오랜 세월 자연의 순리에 따른 느린 삶의 여유가 풍긴다.

속도 경쟁에서 빠른 것은 선이고, 느린 것은 악이라는 이분법적 사고 때문인지 현대인의 삶은 언제부터인가 안타깝게도 느림이 주는 여유를 잊어버렸다. 한때는 빠름의 시간에 길들었지만, 인생 2막을 사는 지금은 오히려 느림이 몸에 맞는 옷처럼 편안하다. 그 속에서 느림의 여유를 즐기려 한다.

밀란 쿤테라의 소설 〈느림〉에서 "자본주의와 느림은 상극이다"라며 현대인에게 속도를 강요했다고 비판한다. 디지털 시대는 마치 컴퓨터 CPU(중앙연산처리장치) 속도처럼 빠름에 길들었고, 느리면 답답해하는 안타까운 속도의 가치에 빠져 헤어나지 못한다. 특히 짧은 시간에 압축성장을 이룬 우리 사회는 '빨리빨리'라는 문화가 성장만능주의에 편승하여 깊숙이 뿌리내렸고, 속도에 대한 집착은 날로 강해진다.

기다림은 올 것에 대한 믿음을 전제로 하지만, 현대는 기술 발달로 기다림의 믿음을 잃어버렸다. 문명세계 사람은 하루가 다르게 각박해지는 환경에서 바쁘게 살지 않으면 살아남지 못한다는 강박관념 때문에 휴식마저 잃어버렸다. 파스칼은 "인간의 모든 불행은 고요하게 휴식할 줄 모른 데서 온다"고 하였다.

그 옛날 한량은 이 방앗간 저 방앗간 기웃거리고, 물레방아 소리의 리듬에 맞춰 시 한 수 읊었다. 밤에는 총총한 별을 가슴에 품고 호롱불 빛에 서책을 읽으며 사유와 함께 온유의 삶을 즐겼던 그 시절을 떠올려본다.

은퇴 전 부산 K 대학 초빙교수로 있을 때, 매주 KTX를 타고 오갔다. 달리는 차창 밖에 눈길 주어도 빠른 속도 때문에 풍경을 제대로 볼 수 없다. 하지만 지금은 산방 뒤 숲길을 느릿느릿 걷다 보면 눈길 닿는 것은 무엇이든 볼 수 있고, 자세히 살피다 보면 뜻하지 않게 새로운 것도 보인다.

느림은 지향하는 목표를 찾아가는 속도가 느릴지 몰라도, 한편으로는 편협한 시각에서 벗어나 주변에 관심을 가질 수 있는 통찰력과 여유로운 사고력을 키워준다. 그리고 그동안 이기적인 삶에서 나도 모르게 잃어버렸던 여유로움을 산촌의 느린 일상에서 되

찾는다.

　피에르 상소는 《느리게 산다는 것의 의미》에서 '느림은 진정한 자신을 발견하게 하고 행동할 수 있게 함으로써 내면세계에서 그동안 상상도 못 한 철학과 진리, 용기와 지혜를 찾아 느린 삶의 여유를 즐겨야 한다'라고 하였다.

　요즘 느린 삶에서 행복을 추구하는 슬로비Slobbie족이 늘고 있다. 어떤 이는 이들을 현대판 한량처럼 빈둥거리는 자로 오해하지만, 그들은 무능하여 빠른 속도에 박자를 맞추지 못하는 것이 아니라, 느림에서 사려 깊은 삶의 여유로움을 추구하는 것이다.

　지금은 하루가 다르게 빠른 속도로 사회가 변해도 사는 것은 예나 지금이나 별로 차이 없다. 그런데도 현대인은 분수에 넘치게 많은 것을 가지려 욕심부리고, 약간 부족함보다 더 나은 것을 소유하려는 욕구가 멈출 줄 모른다. 그뿐만 아니라 더 좋은 직업이나 높은 자리에 오르려고 수단과 방법을 가리지 않는 욕망은 인류가 진화하며 가지게 된 유전자일까.

　그동안 오랜 세월 도시에서의 삶은 부족한 내 모습을 드러내는 것이 두려워 가면을 쓰고 연기하는 삶이었다. 마치 "새 오리 장가가면 헌 오리 나도 한다"라는 속담처럼 주견主見 없이 남 하는 것을 보며 무조건 따르고, 남이 달리면 함께 달리려는 맹목적인 삶이 아니었는지 되짚어본다.

　시공간의 차이가 있어도 느림은 천천히 가는 것이 아니라 여유를 찾아 즐기며 사는 것이고, 느린 삶은 시간이 많고 적음의 차이가 아니라 똑같이 주어진 시간을 여유롭게 가꾸려는 사람의 몫이다.

그동안 도시에서 보지 못한 맑은 하늘과 초롱초롱한 별을 보고, 빠름보다 느림에서 마음의 여유를 산촌의 일상에서 찾는다. 그리고 기계적인 시간에 쫓기며 살았던 이기적인 사고에서 벗어나 자연의 시간에 맞춰 휴식과 여유를 즐긴다.

이처럼 은퇴 후는 긍지와 자부심으로 충만한 여유로운 삶의 가치를 찾아 떠나는 마지막 여정이다. 남은 시간은 꿈을 이루기에 넘치지 않지만, 그렇다고 부족하지도 않다. 머뭇거리다가 훌쩍 지나면 강물처럼 흘러간 시간은 되돌아오지 않는다.

가을 비

    코로나 팬데믹으로 빈둥빈둥 지내다 보니 벌써 한 해의 끝자락이 다가온다. 가을은 청명하여 하늘이 드높고, 농부의 하루는 태양이 반쪽처럼 짧아 일손이 바쁘다. 늦가을의 기운은 살이 저미도록 차가워 피부와 뼛속까지 파고들고, 산천은 고요하고 쓸쓸하여 자연의 소리가 그리운 계절이다.

    어젯밤부터 비가 내리더니 이른 새벽녘에는 바람결 타고 소소蕭蕭하게 흐르는 빗소리에 잠을 깬다. 후드득후드득하여 귀를 쫑긋 세우니 바스락바스락 낙엽이 바람에 쓸리는 듯한 빗줄기가 갑자기 거센 물결이 일어 파도치듯 천뢰天籟가 친다.

    대선이 가까워지자 시끄럽고 저질스러운 시류에 휩싸인 오만의 소리가 넘치는 철이지만, 이 순간만은 빗물에 휩쓸려 어디론가 사라진다. 문득 세상의 시끄러운 소리에서 벗어나 빗방울을 벗삼아 마음 깊은 곳에 있는 소리를 들으며 사색하고 싶다.

　오락가락하던 비는 오전 내내 내리고 하늘을 가렸다 사라지는 구름 무리는 강물처럼 쉬지 않고 흐른다. 오후 들어 해님은 구름 사이 뾰족 내민 푸른 심연에서 자맥질하듯 비구름과 술래잡기하며 속 태운다.

　태양이 살짝 구름 사이로 얼굴을 내밀어 비가 그칠 듯하여 한낮에 하지 못한 걷기운동을 하러 스태즈 호수로 발길을 재촉한다. 5백여 미터쯤 걷자 갑자기 해님은 어디론가 사라지고 검은 비구름이 노도怒濤와 같이 밀려온다. 예감이 좋지 않아 계속 걸어야 할지 갈등이 생긴다. 이왕 출발하였으니 갈 데까지 가보자는 심정으로 호숫가 산책길에 다다른다.

　때마침 호숫가에는 강태공이 비는 아랑곳 하지 않고 흠뻑 젖은 몸으로 낚시를 하고 있다. 주변에는 올봄에 부화한 텃새 물오리 새끼들이 궁둥이를 하늘로 치켜들고 주둥이를 물속에 넣어 먹이 활동에 열중이다. 지금 몸집을 키워야 겨울에 이곳을 찾는 철새 캐나다 구스와 공생하는 데 밀리지 않을 것이다.

　호숫가 작은 나무 옆을 스쳐 지나간다. 나무 밑에 옹기종기 모여 있던 어미 물오리들이 삼삼오오 모여 꽥꽥거리며 동료에게 경계 신호를 보낸다. 호수 가운데는 갈매기 한 무리가 도도하게 유영한다. 살아 있는 자연을 벗삼아 가랑가랑 내리는 빗속 사색을 즐긴다.

　때마침 헤드폰에서는 싱어송라이터 에릭 클랩턴Eric Clapton의 애처롭고 슬픈 가락의 노래가 귓속을 울린다. 〈천국의 눈물Tears in

Heaven〉이다. "아들아 만약 내가 천국에서 너를 만나면 아비의 이름을 알까? 내가 너를 천국에서 만난다면 예전과 같을 수 있을까? (중략) 내가 확신하건대 그 문 너머 저편에는 평화만 있겠지. 그리고 난 안단다. 더 이상의 눈물은 천국엔 없을 것이란 걸. (후략)"

　천상을 향하여 애절한 리듬을 타고 속삭이는 듯한 가사는 아름다운 한 편의 서정시다. 이 노래는 클랩턴이 방황하던 시절에 얻은 4살의 어린 아들 코너가 1991년 3월 어느 날 아빠를 기다리다 53층 아파트에서 떨어진 사고로 천국으로 떠난 이야기를 담고 있다. 클랩턴은 모든 것을 포기하고 절망에 빠져 방황하며 애절한 아버지의 정을 담아 천국에 있는 아들의 영혼과 대화하듯 열창하였다. 세계의 많은 음악 애호가의 심금을 울린 불후의 명곡으로 우리 안의 어둠과 빛을 비추며 천국에 있는 아들에게 보내는 아버지의 비통한 심정을 담은 노래다. 발걸음을 멈추고 멍하니 호수를 바라보며 비를 맞는다. 천국의 눈물을 감상하며 이 노래를 즐겨 들을 때 있었던 추억을 곱씹는다.

　1997년 10월 태백산맥 동쪽 영동 지역에 근무할 때 강릉에 1년 남짓 살았다. 한적한 가을 어둠이 드리우면 경포해변에서 바다를 내려다볼 수 있는 현대호텔 스카이라운지를 자주 찾았고, 필리핀 듀엣의 라이브 연주는 슬슬瑟瑟한 가을 감성에 푹 빠지게 하였다. 마침 우연치고는 운명처럼 고교 단짝 친구 P가 모 금융기관 강릉 지점장으로 발령이 났다. 그 후 때때로 P와 이곳을 찾을 때마다 이 노래를 신청하였고, 40대 중반에 콧수염을 기른 기타리스트 겸 가수인 로드리고는 가사의 깊은 뜻과 감정을 담아 노래를 불렀다. 그 후론 이곳에 들어서면 그는 이 곡을 연주하며 반겼다.

그해 겨울이 지나고 늦봄 어느 날 그는 간다는 소리 없이 사라졌다. 1년 남짓 지나 서울로 발령이 났고, 수소문 끝에 그들이 울산 현대호텔에서 연주한다는 것을 알고 출장길에 그곳을 찾았다. 갑자기 찾아온 나그네를 보자 여성 가수 롤리는 기쁨에 젖어 눈시울이 붉어졌고 짝은 바뀌어 있었다. 로드리고의 안부를 묻자 망설이다가 말문을 잇는다. 여섯 살배기 막내딸이 소아 백혈병으로 세상을 떠나 필리핀으로 돌아갔다며 눈물을 흘렸다. 잠시 쉬는 시간이 지나자 그녀는 무대에 올라 바뀐 짝지에게 귀 옛말로 무엇인가 속삭이자 곧바로 〈천국의 눈물〉을 연주하였다. 노래하는 동안 열창하는 남자 가수 얼굴에서 로드리고 모습이 오버랩되었다.

천상의 눈물 같은 비를 맞으며 25년 전 추억을 곱씹다 보니 한기가 들어 빠른 걸음으로 갈 길을 재촉한다. 호수 입구에서 본 낚시꾼은 아직도 그 자리에 서 있고, 물새들은 그가 던져 주는 물고기에 길들었는지 그 주위를 맴돌고 있다. 출렁이는 파도 위에 달님은 조각배를 타고, 비록 경포호수 언덕에 있는 경포대는 아니어도 현대호텔 스카이라운지에서 마시는 술 한잔으로 풍류를 즐겼다. 두보杜甫가 〈등고登高〉에서 읊은 시구처럼 늙고 초췌함에 흐린 술잔은 아니어도 타지에서 맞는 쓸쓸한 가을 서정에 푹 빠졌던 그때를 상기想起한다.

가을을 지나 만추의 깊은 계곡으로 들어서는 인생 여정에서 서성거린다. 예부터 '처녀는 봄꽃 시드는 것을 보고 홍안이 사라질까 걱정이 앞섰고, 선비는 낙엽을 보며 덧없는 세상에 또 한 해가 지고 자신이 초라하게 늙어가는 것에 대해 비애를 품는다'고 하였다. 굴곡진 인생 여정에서 또 한 번 이 가을의 깊은 정취를 느끼며, 에릭 클랩턴의 〈천국의 눈물〉 속 추억을 되새김한다.

만추의 독백

 낙엽이 버스럭거리며 이리저리 쓸리는 시린 가을 소리에 잠을 깼다. 창문을 열자 수목 군락의 상큼한 향기가 오감을 자극한다. 하지만 산촌 공기가 도시보다 맑고 싱그러워도 깊어가는 가을의 시각적인 느낌은 왠지 으스스하여 고적孤寂에 빠진다.
 한바탕 세찬 비바람이 불자 키 큰 낙엽송 군락은 바람결에 휘날리는 여인의 치맛자락처럼 이리저리 쏠리며 우수수 소리와 함께 낙엽을 떨어뜨린다. 산골짜기를 타고 흐르는 스산한 가을바람 소리는 앙상한 나뭇가지 모습만큼이나 을씨년스럽고 왠지 마음마저 허전해진다.
 이화梨花는 늦봄에 소복 차려입은 여인처럼 새하얀 산방화서繖房花序의 꽃을 피워 돌배를 맺었으나 매섭게 울부짖는 산바람에 부대끼다 버티지 못하고 '툭' 하고 떨어진다. 몇 잎 남지 않은 자두나무의 빛바랜 잎도 온몸으로 가지를 부둥켜안고 있으나 바람결에 힘없이 떨어지고 만다. 순간 브론스키 백작의 사랑을 잃지 않으려 몸부림치는 안나 카레니나를 연상하며 깊은 가을이 주는 자연 현상에 연민憐憫의 정을 느낀다.

늦봄에는 싱그러운 잎이 무성하게 자라 그늘도 만들고 꽃향기를 피웠지만, 이제 만추의 비바람에 힘없이 떨어지는 낙엽을 보며 처연凄然함에 젖는다. 문득 장 프랑수아 파야르 체임버 오케스트라가 연주한 요한 파헬벨의 〈카논Cannon〉이 듣고 싶어 CD플레이어를 켠다.

산책할 때나 허전할 땐 가끔 바로크 음악을 즐겨 듣는다. 이 곡은 오래전 영화 〈Nothing to Lose〉의 배경 음악으로 삽입되어 히트한 적이 있다. 영화에서 "이 노래를 들으면… 왠지 슬퍼진단 말이야" 하는 대사가 생각난다. 이 곡은 바로크 음악의 으뜸인 바흐의 〈G선상의 아리아〉에 비견될 정도로 아름답고 서정적이며, 바이올린과 통주저음通奏低音의 음률에 매료되면 헤어나기 쉽지 않다.

봄에 정원을 가꾸고 여행 떠났다가 넉 달 만에 돌아와 보니, 산비탈 정원은 잡초가 무성히 자라 형태를 알지 못할 정도로 황폐해졌다. 허락 없이 정원을 점령한 잡초를 제거하느라 온종일 씨름하였다. 안타깝게도 올봄 아내가 애써서 심은 패랭이 잔디가 번식력이 왕성한 키 큰 한해살이 잡초에 가려 자라지 못하거나 죽고 말았다. 그뿐만 아니라 화원에서 사다 심은 묘목 금송과 구상나무, 영산홍과 자산홍도 잡초에 가려 안타깝게 죽었다. 간신히 살아남은 녀석도 키 큰 잡초에 가려 햇빛을 보지 못해 생육 상태가 비실비실하다. 설상가상으로 어디선가 뻗어 온 칡이 자두와 포도나무까지 감고 올라가고 있어 그 넝쿨을 제거하느라 힘들었다.

칠십 평생 도시 주택에 살며 정원을 가꾸었지만, 산촌에서 정원 가꾸기는 도시와 달라도 너무 다르다. 도시는 한 번 가꾸어 놓으면 잡초가 쉽게 침범하지 못하지만, 산촌은 도시와는 비교할 수 없을 정도로 무성하고 넝쿨 식물까지 함께 있어 식물 생태계의 약육강식 현장을 체험한다. 산촌의 식물도 야생 동물 생태계도 냉정하고 엄격한 자연의 순리가 존재한다. 산촌에서 정원 가꾸기는 잡초와의 전쟁에서 이겨야 하며, 심어놓은 식생들은 쉬지 않고 사랑을 듬뿍 주며 보살펴야 한다.

자연의 사계는 계절마다 아름답지만, 그 속 식물은 순환하는 시각에 맞춰 그 섭리를 받아들인다. 엄동설한의 모진 추위를 참으며 봄에는 화려하게 소생하여 꽃을 피우고, 여름에는 치열한 생육을 거쳐 가을에 결실을 맺는다. 대부분 한해살이 잡초는 소멸한다. 반면에 다년생 수목은 가을이 되면 오색 창연한 단풍으로 한껏 자신을 뽐낸 후, 다음 해를 준비하는 겨울을 위하여 한 치의 주저함도 없이 나뭇잎을 떨어뜨려 버린다.

〈카논〉에 이어 표제음악의 선구자 안토니오 비발디의 바이올린 협주곡 〈사계〉 중 3번 G단조 〈가을〉이 이어져 흐르자 번뜩 황혼기에 접어든 인생의 계절을 떠올린다. 지금은 인생의 사계에서 만추이고, 이 곡의 2악장 '아다지오 몰토'에서 3악장 '알레그로'로 넘어

가는 시기쯤 되지 않을까.

  은퇴 후 매년 가을이면 낙엽을 밟으며 때론 낙엽을 치우며 이탈리아 '이무지치 합주단'이 연주하는 비발디의 사계 중 3번 G단조 〈가을〉을 즐겨 듣는다. 가을이라는 표제가 붙은 이 곡은 결실의 계절에 사는 사람의 모습과 정서를 비발디만의 풍부한 상상력과 자유로우면서도 간결한 화성和聲으로 묘사하였다. 산촌에서 만추의 정원을 바라보며 이 곡을 들을 때는 왠지 낙엽이 된 기분이다.

  칠순을 넘기고는 때때로 타임머신을 타고 지난 세월로 되돌아가 살아온 뒤안길을 되뇌는 꿈을 꾸기도 한다. 때로는 갑자기 떠날지도 모른다는 생각에 사로잡혀 삶의 종착역에 다다르기 전에 무엇을 준비해야 할까 하는 고민도 한다. 앞으로는 유유자적하며 살고 싶은 생각에 빠지나, 몸과 마음이 따르지 않는 현실이 안타깝다.

  "인생의 마지막 순간에 자신의 삶이 어떤 모습으로 완성될지, 그리고 반드시 남기고 싶은 자기만의 유산이 무엇인지 알아야만 비로소 삶의 틀이 형성된다"라는 하워드 스티븐슨의 이야기를 떠올리며, 오늘도 한 그루의 세쿼이아squoia를 가슴에 심는다. 여생은 과거에 빠지지 않고, 성숙한 삶을 이루어 아름다운 인생의 완성을 이루고 싶다.

새벽의 고요

　새벽잠에서 깨어 일어난다. 언제부터인가 눈을 뜨면 숨소리를 느껴보는 것이 하루의 시작이 되었다. 그 이유는 알레르기 천식 때문이다. 숨소리가 편하면 공기와 몸 상태가 좋아 상쾌할 것 같고, 목에 무엇인가 걸려있는 듯한 느낌과 색색거리는 숨소리가 들리면 그렇지 않다.
　질흙 같은 새벽어둠과 적막寂寞이 깃든 산방에서 새벽 숨소리가 편안하다. 아내가 잠에서 깰까 봐 살쾡이처럼 서재로 간다. 테라스 발코니 창문을 열어 꼭두새벽의 찬 공기를 흠뻑 마시고 고요의 소리를 들으려 귀를 쫑긋 세운다. 오늘따라 장맛비 구름이 새벽하늘을 가림하고 있어 별과 달을 볼 수 없다. 고요하고 괴괴하여 아무 소리도 들리지 않는 산중에서 가슴 깊은 곳에서 울리는 정온靜穩의 소리를 느낀다.

백두대간 대미산 자락에 작은 오두막을 지어 놓고 한 달도 살지 않고 배낭을 둘러메고 이곳저곳 돌아다니다 반년 만에 돌아와 느낀 심장 박동의 정감情感에 빠진다. 순간 열심히 뛰어준 심장에 감사하며 산중의 새벽 고요를 음미한다.

문득 학창 시절 '살아 있다, 고로 혈액이 순환한다'는 말로 혈액학 강의를 시작한 노 교수의 모습이 스쳐 간다. 칠십여 년 단 한순간도 쉬지 않고 뛴 심장을 그동안 당연한 것으로 생각하지 않았는지 미안한 마음이 든다. 노 교수는 "심폐가 정지되면 그땐 이승이 아니다"라고 한 말을 떠올리자 더욱더 고맙다. 가슴에 손을 얹고 뜀박질하는 심장 고동의 울림을 느끼며 산속 새벽 고요에 빠져 시가詩歌〈대미산의 새벽 고요〉를 읊는다.

초저녁부터
울다 지친 풀벌레는
목이 쉬었고
날갯짓에 탈진한
산속 요정은
숨소리조차 내지 않고
곤히 잔다

산중 어둠 속
새벽 고요는

니플헤임Niflheim을 찾아 멀리 떠났고
정적에 깃든
제산諸山 지조志操의 대미산은
인고의 세월만
차곡차곡 쌓는다

　새벽 기운이 드리운다. 은퇴 후 산중 전원생활을 하면서 고요의 순간을 즐기고 심연에 빠져 사유思惟를 즐긴다. 전원에서 불편함을 느낄 땐 달콤한 캔 커피 같은 아파트 생활이 그리울 때도 있다. 하지만 스스로 존재한 자연의 거룩한 아름다움을 온몸으로 느낄 땐 그것만으로도 충분히 보상받고도 남는다. 전원의 삶은 이곳저곳 가고픈 곳을 빨리 갈 수 있는 도시의 도로처럼 곧은길이 아니다. 돌아가기도 하고 때론 구불구불 굽은 길로 자연과 더불어 느릿느릿 걸어야만 하는 고매高邁하고 고결高潔한 길이다.
　아내의 칠순을 맞아 단둘이 미국, 캐나다, 쿠바, 멕시코를 배낭여행하고 미국 북서부 한적한 시골에 있는 은퇴자 마을에 잠시 머물다 COVID-19 창궐로 귀국이 늦춰졌다. 항공편 운항이 중단되었다가 재취항한 첫 비행기를 타고 인천공항에 내리자 귀국자격리지침에 묶여 창살 없는 감옥에서 형기(?)를 마치고 산속 오두막에서 첫 새벽을 맞는다.
　여름이라 할지라도 산중의 새벽 기운은 써늘하다 못해 차가움을 느낄 즈음 먼동이 트려고 한다. 하지만 구름이 가림을 하고 있어 여명黎明을 감상할 수 없어도 산중 고요에 빠져 평온이 찾아들자 재가 격리에 쌓였던 피곤과 답답함을 대미산 너머 훨훨 날려 보낸다.

아침을 기다리며 이럴 때 들으면 좋은 음악을 고른다. 사춘기 시절 한때 즐겨 들었던 폴 사이먼과 아트 가펑클의 노래〈The Sound of Silence〉가 블루투스 스피커를 통하여 아르페지오 기타연주 리듬을 타고 잔잔하게 흘러나온다.

이 곡을 처음 접한 것은 고등학생일 때 주인공 벤저민(더스틴 호프만)과 미세스 로빈슨(앤 밴크로프트)이 등장하는 영화〈졸업〉에서였다. 폴 사이먼과 아트 가펑클의 여러 곡을 배경음악으로 담은 이 영화는 청소년관람 불가였으나 훈육 선생님의 눈을 피해 상영관에서 감상하였다.

사운드트랙 앨범은 1968년에 최다 음반 판매를 기록하며 비틀스의〈White Album〉을 음악 차트 정상에서 끌어내리는 계기가 되었다. 듀엣의 뛰어난 화성和聲과 리듬의 매력에 빠져 가끔 이 노래를 들을 땐 그 시절을 반추하며 세월의 시각을 되돌린다.

집 떠난 반년 사이 COVID-19 팬데믹 때문에 많은 변화가 일어났다. 아마도 인류 역사에서 찾아볼 수 없을 만큼 빠른 변화와 현대 의학이나 과학이 단기간에 따라잡지 못할 만큼 힘든 과제를 남겼다. 그리고 이 위기는 뉴노멀new normal이라는 새로운 기회를 만들어 삶의 변화가 예견되고, 지금까지 이어져 온 삶의 행태를 뒤돌아보는 계기가 되었다. 다가올 시대의 새로운 패턴은 또 다른 삶의 기준으로 진화할 것이므로 하루하루 일상에 충실한 삶이 중요하다.

안셀름 그륀은 《삶의 기술》에서 "여유를 가지고 하루의 삶을 즐겨라"고 하였다. 그는 삶의 속도를 줄이고 모든 것이 무르익을 때까지 기다리라고 한다. 빠른 삶은 소중한 이 순간을 빼앗지만, 느린 삶은 스쳐 지나가는 것을 느끼게 하고 다가올 미래를 생각하는 여유까지 가질 수 있다.

힘들고 절망에 빠졌던 세월을 뒤돌아보는 바쁜 삶은 미래 불안에 대한 집착 때문이다. 과거는 시간을 죽이는 삶이 중심이었지만, 지금은 나를 찾는 삶을 즐겨야 하는 시각이다. 지난날의 상처와 미래의 불안은 멀리멀리 날려 보내고 이 순간의 삶을 찾아 시간으로부터 자유로워지고 싶다.

고요와 정적이 깃든 산중 하루는 미래라는 이름의 가두리에 갇혀 조바심하기보다 심장의 고동 소리를 느끼고 순간 살아 있음에 감사하며 느릿느릿 여유를 가지고 하루를 즐긴다.

소나무야, 소나무야

    산촌은 때때로 날씨 변덕이 있어도 도시에서 느낄 수 없는 드라마틱한 자연의 변화를 느낄 수 있다. 초겨울 읍내에는 비가 내리지만, 여우목 산방은 해발고도가 높아 곧잘 비가 진눈깨비로 변한다. 어제도 비가 내리나 싶더니 차가운 골바람이 불자 금방 쌀알갱이 같은 우박을 뿌렸고, 밤사이 산정은 백발성성白髮星星이 되었다.

    산방을 감싸주는 낙엽송 군락은 잎을 버리고 겨울잠에 빠진 지 오래되었고, 앙상한 나뭇가지에는 희끗희끗 눈의 흔적이 보인다. 그러나 해가 중천에 뜨면 언제 그랬느냐는 듯 녹지만, 응달진 곳 낙엽 위는 살짝 얼어 있어 밟을 때 사락거리는 소리가 정겹다.

    아침마다 전깃줄에 앉아 '까악, 까악' 하며 인사하던 까마귀 부부는 오늘따라 웬일인지 문안을 오지 않고, 숲속 산새들까지 조용하여 왠지 기분이 스산하다. 뒷산 임도에 지난여름 장마로 파인 곳을 손질하러 삽과 호미를 챙겨 오솔길을 오른다. 자연 카펫 위를 걸을 때 바스락바스락 소리에 나도 몰래 발걸음은 절로 리듬을 탄다.

몇 시간에 걸쳐 낙엽과 흙을 긁어모아 작은 웅덩이를 메운다. 어느새 이마와 등은 땀에 젖고, 허리에 가벼운 통증을 느낀다. 올 초 장마에 대비하여 몇 달 동안 수 톤의 돌을 옮겨 석축을 쌓을 땐 절박한 상황 때문이었는지, 그럭저럭 피로를 극복하였다. 하지만 몇 달을 배낭 메고 이곳저곳 유랑하다 돌아왔으나 게으름 병이 도져 일하기 좋은 가을을 보내고, 추위 속에 일하다 보니 몸도 힘들고 쉬 피로를 느낀다.

쉬엄쉬엄 흙을 옮겨 채우다 보니 하루이틀에 끝내기는 어렵지만, 내버려 두면 장마철 비 피해도 염려된다. 웅덩이 옆에 있는 소나무를 보호하기 위하여 날씨가 더 추워지기 전에 반드시 마무리해야만 하는 절박한 심정이다.

소나무는 생장 환경이 좋지 않은 척박한 대미산의 가파른 지형에도 늘 푸름을 잃지 않은 채 포식자가 우글거리는 밀림의 신사 기린처럼 오랜 세월 동안 잘 자랐다. 활엽수인 참나무와의 생존경쟁에서도 밀리지 않고 성장하여 그 키가 20m를 훌쩍 넘는 멋쟁이 신사 같은 소나무다. 한 뿌리에서 자란 세 갈래 둥치는 뫼산의 형상으로 하늘 향해 위용을 자랑한다. 자태는 키 큰 선비가 갓을 쓴 듯 청솔이 무성하여 가히 일품송이라 할 만하다. 소나무는 백두대간 중심부 대미산 자락에 자생하는 금강송의 자손인지라 우리나라 소나무 고유의 성품을 그대로 간직하고 있다.

　일손을 멈추고 땀을 훔치며 잠시 휴식을 취한다. 독일 민요 〈소나무야Tannenbaum〉를 선곡하자 블루투스 스피커에서 빈소년합창단의 아름다운 노래가 흐른다. 어릴 때 불렀던 가사 따라 흥얼거린다. "소나무야, 소나무야. 언제나 푸른 네 빛. 쓸쓸한 가을날이나 눈보라 치는 겨울에도, 소나무야, 소나무야. 언제나 푸른 네 빛." 사계의 푸름을 간직한 이 소나무의 나이는 나보다 많아 보이고, 소나무 군락에서 군계일학의 자태를 뽐낸다.

　소나무의 쓰임새가 많았다는 것은 선조들의 삶에서 찾을 수 있다. 춘궁기 때 먹을 것이 부족하면 하얀 속껍질을 벗겨 먹었고, 송화향이 바람에 날릴 땐 분을 모아 다식을 만들었다. 한가위 명절에는 솔잎 위에 송편을 찌고, 술 담글 때 천연방부제로 솔잎을 사용하였으며, 밤이 긴 겨울에는 송진으로 불 밝혀 책을 읽었다. 어디 그뿐이겠는가. 떨어진 솔가리는 불쏘시개, 잔가지는 화목, 둥치는 집 짓는 목재로 사용함으로써 소나무는 하나도 버릴 것이 없다.

　얼마 전 다녀온 영주 소수서원紹修書院 입구에서 잘 자란 소나무 무리를 만났다. 서원은 초목 군자의 도리를 배우라는 의미로 주위에 소나무를 많이 심었다고 한다. 백목지장百木之長인 소나무는 수호, 장수, 절개와 지조, 풍류 같은 기상을 상징하기에 서원에서는 송백 군락을 쉽게 만날 수 있다.

　예부터 소나무를 군자에 비유하며 집안이나 정자 주위에 많이 심었고, 선비는 그 자태를 바라보며 품성을 키웠다. 우리 민족의 소나무 사랑은 남달랐기에 민화 속 감초는 늘 소나무였고, 익숙한 그림 '세한도歲寒圖', '화조영모도花鳥翎毛圖', '십장생도十長生圖'에도 소나무가 등장한다. 조선의 지성 화가이자 문예가인 강세황은 생전에 소나무를 많이 그렸다. 그가 노년에 그린 '송석도松石圖'는 소나무처럼 고상하고 기백이 넘치는 정신세계를 표현한 격식 높은 작품이다.

이처럼 소나무는 장엄과 기백이 넘치고, 눈보라 치는 한파에도 늘 푸른 자태는 변함이 없으며, 한 번 베면 다시 움이 나지 않는 특성도 소나무만의 품성이다. 이 때문에 옛 선비는 소나무의 '송백지조松柏之操'를 닮아 구차하게 살려 하지 않았고, '송연묵松煙墨'으로 간 먹물로 일필휘지하며 한결같은 정신을 닮으려 하였다.

소나무는 예로부터 우리 민족이 가장 사랑한 나무였기에, 금줄로 맺었던 첫 인연은 삶을 마친 후에도 이어진다. 세상을 떠날 때 고대 이집트는 사이프러스 나무로 만든 관을 사용하나 우리는 소나무관을 사용하였다. 기독교 문화권에서는 무덤 주위에 사이프러스를 심었으며, 우리는 도래솔을 둘러치고 영겁의 세월을 보낸다.

초겨울 앙상한 숲길을 오가다 보니 솔가리 카펫에는 솔방울이 지천으로 널려있다. 어렵던 시절에는 땔감이 늘 부족하였고, 아이들은 불쏘시개 주우러 동네 뒷산 솔밭에 올라 자치기 놀이에 지면 솔방울로 대가를 치렀던 동무들의 아련한 모습이 떠오른다.

추운 겨울 어느 날, 아버지를 따라 나무하러 갔던 추억의 별이 뇌리에 반짝인다. 방한복과 장갑이 변변찮아 시린 고사리손을 호호 불며 솔방울을 자루에 담으며 아버지 뒤를 졸졸 따라다녔다. 때마

칩 불어온 삭풍에 온몸을 웅크릴 때, 소리 없이 다가와 살포시 감싸 안아 주시던 아버지의 온기가 오늘따라 그립다.

2부 나에게 쓰는 여행 편지

세월의 독백

歲月도 계절에 따라 변한다 봄이 되면
지천으로 널린 새싹은 보고 희사랑
봄꽃은 짙은 향기를 피워 일손을 멈추게
한다 여름에는 싱그러운 산들 바람이
즈음 시원한 소낙비는 더위를 물린다
新綠을 춤추게 하고 불볕더위에 지칠
五色 燦爛한 단풍에 눈길을 뺏기면
추수로 바쁜 일손 멈추고 가랑가랑 뿌리는
가을비는 憂愁에 젖게 한다 새하얀 눈이
내리면 산속 동물들도 겨울잠 자고 벌거
숭이 나무들은 實存과 마주하며 哲學의
시간에 빠진다   임인년 가을 오당 박욱

촛불은 아름답고 낭만적인 풍경을
만들어 내기도 하고,
보는 이로 하여금 촛불의 의미와 함께
이색적인 추억도 갖게 한다.
이렇듯 촛불은 사용하고자 하는 뜻에 따라
 다양한 의미가 있다.
자신을 태워 빛을 밝히는 초와 같이
아름답고 의미 있는 세상이
되기를 꿈꾸어 본다.

- 〈촛불〉에서

소수서원을 찾아서

 겨울로 들어서는 길목에 선비의 고장 영주로 늦가을 여행을 떠난다. 소백산의 정기가 살포시 내려앉은 영주는 단아하고 예스러운 멋을 간직하여 늦가을 정취를 느끼기에 제격이다. 몇 차례 간 적 있으나, 오늘은 옛 선비의 제향祭享과 유식遊息의 흔적을 찾아 유서 깊은 '소수서원'을 찾는다.
 서원에 다다라 소나무 군락으로 들어선다. 때마침 휑한 바람이 세차게 불자 격랑에 출렁이는 파도가 물보라를 일으키듯, 갈 길 잃은 솔가리가 이리저리 휘날린다. 500여 년 동안 한눈팔지 않고 서원을 지킨 파수꾼 은행나무는 이미 겨울옷을 갈아입고, 가락처럼 늘어진 앙상한 가지는 송림을 울리는 솔바람 소리에 흐느적거리며 춤사위를 펼친다. 가을이면 노란 단풍이 천하일품이라는데, 때를 놓쳐 보지 못해 아쉽다. 다시 올 기회가 생겨 다행이다.

서원으로 들어가기 전, 먼저 동쪽 낮은 언덕에 있는 경렴정景濂亭을 둘러본다. 솔향과 유생들의 정취가 풍기는 이곳은 유유자적 흐르는 죽계천竹溪川과 어우러진다. 서원의 늦가을 풍경은 한 폭의 한국화를 보듯 아름답다. 이 정자는 우리나라에서 오래된 정자 중 하나로 자태에서 유생의 혼을 보는 듯하다.

경렴정에 서서 죽계천 물가로 튀어나온 경자바위敬字岩에 서원을 창건한 주세붕이 쓴 '경'자를 먼발치에서 바라본다. "경敬으로써 마음을 곧게 하고 의義로써 밖으로 드러나는 행동을 반듯하게 한다(敬以直內 義以方外)"는 뜻으로, '경'은 성리학에서 마음가짐을 바르게 하는 수양론의 으뜸 가치로 선비의 지침이 되는 글자다.

이 바위에는 슬픈 전설이 담겨있다. 수양대군이 단종을 쫓아내고 왕위를 찬탈하자, 금성대군이 단종 복위를 계획하다 발각된 정축지변丁丑之變이 1457년 순흥에서 일어났다. 그때 죽임을 당한 도호부 주민의 시신이 죽계천에 수장되어 밤마다 원혼의 울음소리가 그치지 않았다고 한다. 당시 풍기군수 주세붕은 혼백을 달래기 위하여 '경'자에 붉은색을 칠하고 치성을 다하여 제사를 지낸 후로 울음소리가 그쳤다는 이야기다.

소수서원은 1543년 이 지방 사림士林이 고려 후기 충렬왕 때 원나라에서 성리학을 도입한 문신 유학자 회헌晦軒 안향安珦 선생의 거주지 영주에 설립한 우리나라 최초 사액賜額 서원이다. 사주문을 지나 경내로 들어선다. 강학당에는 한복을 차려입은 학예사가 "공자 왈, 주자 왈" 하며 서책 읽는 소리가 문밖으로 흐른다. 귀한 가르침

같아 강학 소리에 귀를 쫑긋 세워 들어도 알 길 없다.

 소수서원 유생들은 성리학의 가치관을 바탕으로 강학을 듣고 세계를 이해하였다. 그들은 정기적으로 제향을 봉헌하고, 교류와 유식을 통하여 성리학에 부합한 향촌 교화 활동을 주도하였다. 서원에는 학교 기능의 강학당과 제사 기능의 사당이 있다. 강학당은 사면에 툇마루를 두르고 있어 삼면의 문을 들어 올리면 확 트여 안팎 구분이 없어져 주변 자연을 고스란히 품어 하나가 된 느낌이 드는 구조다. 강학당 대청 북쪽 면에는 명종의 친필인 '紹修書院'이란 현판을 걸어놓아 이곳이 서원의 중심 건물이라는 것을 알 수 있다.

 강학당 뒤에는 서원 관리사와 숙소였던 일신재와 직방재가 있고, 왼쪽에는 장서각이 있다. 교재와 목판 등은 현재 소수박물관이 소장하고 있다. 오른쪽에는 유생들의 기숙과 학습하던 학구재와 지락재가 있는데, 이 구역은 강학 공간이다.

 장서각 왼쪽에는 담장 안에 안향을 모신 문성공묘(보물 제1402호)가 있다. 이 사당에는 안향 외에도 안보와 안축, 주세붕의 위패를 봉안하고 있다. 이곳에서는 매년 3월과 9월 초정일初丁日에 제향 의례를 올린다.

 사당 현판은 명사明使 주지번朱之蕃의 글씨다. 담장 앞에는 이곳이 통일신라 시대 사찰이 있었다는 것을 알려주는 숙주사지宿水寺址 목탑 흔적이 있고, 서원 입구에는 당간지주(보물 제59호)가 남아 있다. 사당 뒤편에는 제향에 사용하는 제기를 보존하고 준비하는 전사청이 있는데, 이 구역은 제향 공간이다.

장서각 뒤편에는 국보와 보물급 문화재를 전시하기 위해 1975년에 세운 영정각이 있다. 이곳에는 공자를 상위로 모시고, 제자 72현과 제후가 차례로 앉은 그림 대성지성문선왕전좌도(보물 제485호)와 우리나라 최초 주자학자인 회헌 안향(국보 제111호)과 소수서원을 세운 풍기군수 신재 주세붕의 초상(보물 제717호)이 있다.

교류와 유식 공간에는 입구의 경렴정 외에도 퇴계退溪 이황李滉이 풍기 군수로 있을 때 세운 취한대翠寒臺라는 이름의 정자를 세우고 경자바위 '경' 자 위에 음각으로 '백운동' 석 자를 새겼다. 취한은 "푸른 연화산 기운과 맑은 죽계의 시원한 물빛에 취하여 시를 짓고 풍류를 즐긴다"는 뜻이다. 옛 시 송취한계松翠寒溪의 비취 취翠 자와 차가울 한寒 자에서 따와 이름을 지었다.

탁영대와 탁청지는 임진왜란을 전후하여 겸암謙菴 류운용柳雲龍이 풍기 군수로 있을 때 연못을 파고 대를 쌓았던 곳으로 그가 쓴 시판始板은 지락재에 보관하고 있다. 여름철 수련이 꽃 필 때 아름다운 탁청지의 모습을 상상하며 죽계교를 건너 소수박물관으로 발길을 옮긴다.

소수서원(사적 제55호)은 수많은 명현名賢과 거유巨儒를 배출하였으며 학문탐구의 소중함을 일깨워 주는 많은 자료를 소장하고 있다. 방 칸칸마다 역사의 깊이와 학문의 심오함이 서려 있고, 충·효·예·학이 살아 숨 쉬는 교육장이자 선비정신의 산실이다. 국내에는 670여 개의 서원이 있고, 그 가운데 소수서원을 포함한 9곳이 2019년 유네스코 세계유산으로 지정되었다.

자연을 고스란히 품어 하나가 된 느낌이 드는 서원부터 선비촌과 박물관으로 이어지는 길옆 소나무 군락은 금풍옥로金風玉露의 정취가 소슬바람에 휘날린다. 서원을 감싸고 돌아 흐르는 죽계천의 형상은 선비의 기풍을 닮은 추풍호응秋風豪鷹의 기세다.

여궁 폭포

산촌은 계절에 맞춰 느린 삶을 산다. 가을걷이가 끝나 김장과 메주를 쒀 처마 끝에 매달면 농한기에 접어든다. 봄까지는 겨울이 주는 느긋함을 즐긴다. 시린 눈보라가 몰아칠 땐 외로움도 밀려들지만, 그것은 계절이 주는 자유로움의 부산물일 뿐이다.

겨울의 한가로움을 찾아 주흘산 여궁女宮 폭포로 산행을 떠난다. 길옆 백천만겁百千萬劫의 흔적을 지닌 기암괴석은 깊은 고요에 빠졌고, 앙상한 가지 위 산새들은 계곡 물소리에 장단 맞춰 재잘거린다. 길손은 자연의 소리에 귀 기울이며 쉬엄쉬엄 발길을 옮긴다.

이곳에 오르는 돌계단은 평탄치 않아 한겨울 산행길로는 나이 든 사람에겐 쉽지 않다. 호흡을 가다듬으며 바윗길을 오르자 어디선가 물소리가 들려 발길을 재촉한다. 돌계단을 돌아 오르다 보니 내리치는 찬란한 은빛 물줄기가 먼발치에 보이고, 몇 발짝 오르자 웅장한 폭포와 마주하여 '와' 하며 외마디 소리를 내뱉는다.

기이하게 생긴 바위와 울퉁불퉁한 돌길은 수줍음 타는 여심을 숨기려고 길손의 발길을 쉽게 들이려 하지 않는다. 하지만 허락 없이 바위에 걸터앉아 따끈한 차 한 잔의 여유를 즐기며 몰래 여심을 훔쳐본다. 아, 용솟음치는 검푸른 파랑소沼야, 너의 심연에 비친 삼라만상森羅萬象은 꿈처럼 아름답구나!

　형상이 여인의 하반신을 닮았다 하여 붙여진 여궁 폭포는 높이가 20여 미터에 달하고, 폭포수에 깎인 미끈한 바위는 천하일색이다. 전설에 따르면 산정의 도령은 밤낮 가리지 않고 옥계수玉溪水를 길어 폭포로 내리고, 천상의 선녀는 달빛을 타고 내려와 파랑소에서 목욕을 했다고 전한다.

　사진으로 보는 것보다 폭포 모습이 훨씬 웅장하다. 미끈한 바위 사이로 쏟아지는 옥수玉水의 위용은 갈수기임에도 감탄이 절로 나온다. 여름철에는 떨어지는 물살이 세차 접근이 쉽지 않고, 여궁의 유혹을 참지 못하여 몸을 담근 도령은 큰 변을 당할 수도 있다.

　폭포의 물줄기는 계절에 따라 차이가 있어도 사시사철 끊이지 않고 쏟아지고, 폭포는 여름에도 한기가 들 정도로 서늘한 곳에 있어 천년고찰 혜국사惠國寺를 거쳐 주흘산을 오를 때 잠시 쉬어가며 신선의 멋을 즐길 만한 곳이다.

　폭포로 가는 길은 문경새재 제1 관문인 주흘관主屹關을 지나 오른쪽으로 접어들어 한적한 산길을 오르면 된다. 숲길은 눈과 귀가 즐겁고 발걸음 옮길 때마다 주흘산의 기운을 온몸으로 느끼지만, 여인의 엄밀한 곳을 찾는 길이어선지 왠지 내밀함을 느낀다.

고모산성 탐방

　겨울 기운에 깊이 빠진 산촌은 낙엽 이불 덮은 채 잠에서 깨지 않고, 매서운 낙목한풍落木寒風의 찬 기운이 가슴에 파고들자 한기에 취한 온몸은 사시나무 떨듯 오한을 느낀다. 코로나 팬데믹으로 집안에 갇힌 생활에 지칠 쯤 되면 가끔 가까운 곳에 있는 명소를 찾는데, 오늘은 아내와 함께 고모산성으로 고적 탐방을 떠난다.
　오정산 허리에 있는 산성마루에 다다르자 영강에서 세찬 삭풍이 불어와 살을 에는 추위가 몰아친다. 하지만 두 뺨을 할퀴며 지나가는 시린 찬바람은 겨울의 참맛을 느끼게 한다. 맑디맑은 하늘에 새하얀 청연晴煙은 햇빛을 등에 이고 한 폭의 수채화를 그린다. 벌거벗은 나목 군락은 깊은 겨울잠에 빠졌으나 청솔은 늘 푸른 자태를 뽐내며 길손을 맞는다.
　산성 앞 서낭당과 주막을 뒤로하고 성벽에 오른다. 수백 길 발아래 영강이 내려다보이고. 북쪽을 바라보면 주흘산 이남이 한눈에 보인다. 서쪽 절벽 위 바윗길은 자연 지형을 활용한 요새로 삼국시대 초기부터 전략적 요충지였다.

고모산성은 예로부터 관방과 교통의 요충지로 경상도 좌우에서 모여든 길이 남쪽 호계면 개여울에 이르러 한 길로 합쳐져 토끼비리로 이어지고, 이곳을 지나 고모산성 옆 돌고개를 넘어서야 평탄지로 내려서게 된다.

산성은 본성(1,256m)과 외성(390m)을 합하여 전체 길이는 1,646m에 달한다. 형태는 산기슭부터 시작하여 능선을 따라 축조한 포곡식 산성이다. 고모산성은 서울 외곽의 북한산성과 남한산성에 비하여 규모는 크지 않아도 축조한 때를 고려하면 역사적 가치가 크다.

성을 쌓은 시기는 출토 유물로 보아 삼국시대인 470년경으로 추정되고, 문경에서 계립령을 넘어 충주 미륵대원지로 넘어 다닐 때 반드시 이곳을 통과해야 하는 중요한 길목이었다고 고고학계는 추정한다. 그 때문에 신라는 북으로부터 침입을 막기 위하여 성을 쌓은 전설이 전해진다.

산성은 백제군이 침입해 오는 것을 막기 위하여 신라 장사 고모노구와 마고노구가 경쟁하며 하룻밤에 성을 쌓았다고 한다. 마고산성은 거의 허물어져 봉명산 주변에 흔적만 찾아볼 수 있는 정도지만, 고모산성은 완벽하지 않으나 옛 모습을 떠올릴 수 있도록 복원하였다.

진남교반을 사이에 두고 어룡산과 마주 보는 산성은 천혜의 요새로 서쪽과 남쪽은 영강이 감싸고, 동쪽은 조정산이 뻗어 내린 험한 산등성이에 있다. 서쪽은 절벽을 그대로 이용하여 바깥쪽만 성벽을 쌓은 편축식 산성이고, 나머지 삼면은 지세를 이용하여 성벽 안팎을 쌓은 협축식 산성이다.

고모산성은 여러 차례 증축과 개축을 반복하였으나 성벽 대부분은 허물어졌고, 남문과 북문이 있었던 자리와 동쪽 성벽 일부만 남아 있다. 발굴 과정에는 남문 주변에서 많은 양의 투석 더미가 발견되었는데, 그 흔적은 지금도 그대로 남아 있다. 이 돌무더기는 삼국시대 공성전 전투에서 흔히 볼 수 있는 투석용 무기로, 인근 산과 영강에서 채집한 돌로 추정한다.

중원문화연구소의 조사에 따르면, 서문 터에서 3.8m 간격으로 설치된 배수구와 배수로를 발견하였고, 배수로는 바닥에 돌을 촘촘히 깔고 양쪽에 돌을 쌓아 올린 형태로 전체 길이 10.8m 정도가 남아 있다.

서문 터 부근 지하에서는 약 1,500여 년 전 요새로 짐작되는 목조 건축물과 다수의 유물이 매장되어 있었고, 건물의 규모는 남북 길이 12.3m, 동서 길이 6.6~6.9m, 높이 4.5m 3층 구조로 창고나 지하 요새 또는 저수지로 사용하였을 것으로 추정한다.

고모산성은 임진왜란과 동학농민운동, 명성황후시해사건 당시 문경 가은 출신 운강 이강년이 의병을 일으켜 일본군에 항전한 격전지였고, 6·25전쟁 때에도 인민군의 남침을 막은 중요한 방어 거점이었다. 이처럼 산성은 역사적 사건이 있을 때마다 전략적 요충지였다.

고모산성을 거쳐 가는 길은 조선시대 한양으로 오가는 경상도 길손들이 가장 위험한 길로 꼽았다. 조선 전기 지리지 집성편集成編인 신증동국여지승람新增東國輿地勝覽 문경현 산천도에 곶갑천 용연의 동쪽 벼랑길을 토끼 길인 '토천'이라 하였으며, 경북 사투리가 섞여 지금은 '토끼비리'라고 한다.

옛길의 자취는 지금 거의 없어졌으나 울퉁불퉁하면서도 반들반들한 바위는 그 옛날 서린 애환에 닳고 닳아 길손의 정취가 그대로 남아있다. 이 길에도 재미있는 전설이 전해진다. 토끼비리는 후삼국 시대 왕건이 남쪽으로 진군할 때 갑자기 길이 막혀 어찌할 바 몰라 망설일 때, 토끼가 벼랑을 타고 달아나며 길을 알려주어 남쪽으로 진군하였다는 이야기가 전해진다.

토끼비리는 문경 석현성 진남문에서 오정산과 영강으로 이어지는 산 경사면에 남아 있는 잔도(험한 벼랑 길)로 영남대로에서 가장 험난한 옛길로 조선 초기 문신 이변갑의 〈관갑잔도串岬棧道〉란 시에서 고모산성과 토끼비리로 오간 나그네의 심정을 느낄 수 있으며, 진남문 앞 시판에 기록되어 있다.

    設險函關壯(설험함관장) 요새는 함곡관처럼 웅장하고
    行難蜀道奇(행난촉도기) 험한 길 촉도 같이 기이하네
    顚隮由欲速(전제유욕속) 넘어지는 것은 빨리 가기 때문이요

踢踖勿言遲(국척물언지) 기어가니 늦다고 꾸짖지는 말게나

  이 시는 선생이 고모산성을 진秦나라 함곡관函谷關에 비유하며 요새를 예찬한다. 험준한 토끼비리는 촉蜀나라 윈난雲南에서 서역으로 이어진 차마고도에 은유하면서 이곳을 지날 때 힘들었던 심정을 시 한 수에 인유하였다. 선생 외에도 고려와 조선을 잇는 성리학자 권근과 성종 때 양관 대제학을 지낸 서거정의 시도 있다.

  길에서 내려다본 층암절벽의 산천경개는 왜 이곳이 '경북팔경지일'로 문경의 소금강이라 하는지 알 수 있게 한다. 겨울이라 울창한 숲길은 아니어도 영강의 차가운 바람과 오정산의 정기를 느꼈고, 성벽과 토끼비리를 걸으며 의미 있는 시간을 가졌다.

  탐방을 마치고 주막 앞 정자에 잠시 걸터앉아 이곳 해설사로부터 산성에 얽힌 옛이야기를 듣고, 천혜의 자연 지형에 산성을 쌓은 선조의 정신과 혼이 깃든 역사의 현장에서 지혜를 배운다.

늦가을 소풍

늦가을 비가 사흘 동안 오락가락하더니, 오늘 아침은 산비탈에 쌓인 낙엽 위에는 무서리가 새하얗게 내렸다. 일기예보도 맑다고 하여 기분이 상쾌하다. 산방에 머문 지 3년이 되었으나 차일피일 미루다 못 가본 영주 부석사浮石寺로 늦가을 소풍을 떠난다.

아침 공기는 차갑지만 하늘이 청명하여 소풍 가기 좋은 날이다. 어스름해져 가는 황혼의 나이에도 어릴 때 소풍 가던 날처럼 마음이 들뜬다. 산방을 떠나 소설 〈객주〉에 나오는 '여우목고개'를 넘고, 6·25 격전지였던 '동로'를 지나 2시간여 만에 도착한다.

소백산이 품은 산지 가람伽藍의 무량수전 앞 석등은 가을 햇살이 내리쬐어 광명을 밝힌다. 금당으로 들어서자 섬세하고 화려한 모양새가 가히 고려 최고 걸작이라는 아미타불 소조여래좌상이 자애하면서도 근엄한 모습으로 중생을 반긴다. 어디선가 의상義湘 대사가 읊듯 부처의 가르침이 잔잔하게 흐른다.

천년의 고요가 깃든 무량수전은 화엄華嚴의 가르침을 뒤로하고, 때마침 부는 소슬바람과 산새들의 애잔한 울음도 아랑곳하지 않고,《송고승전》의 설화 속 선묘善妙 낭자 품에 안겨 적요寂寥 속에 잠든다.

무량수전 서쪽에는 부석사의 유례가 담긴 커다란 바위가 있다. 이 돌은 어딘가에 붙어 있지 않고 '떠 있는 돌' 부석浮石에서 고찰古刹의 이름을 붙였다고 한다. 부석사는 고즈넉한 산사 중 으뜸으로, 오랜 세월에도 흐트러짐 없는 자태와 예스러움을 간직하고 있다.

국보와 보물을 두루 품은 부석사는 세계문화유산이고, 무량수전은 옛 목구조 건축 기술의 정수를 보여준다. 주심포 양식은 간결하면서도 웅장한 느낌이 들뿐만 아니라, 배흘림기둥의 엔타시스entasis 적 건축미는 원주의 불안정감을 넘어 보는 것만으로도 자애로운 부처의 미소처럼 편안함을 느낀다.

동쪽 호젓한 곳에 자리 잡은 '삼층석탑'으로 발길을 옮긴다. 금당의 아미타불이 동쪽을 향한 것이 중생들의 극락왕생을 맞이하기 위함이라면, 탑은 동쪽 사바세계를 상징한다는 설이 있다. 탑돌이 하듯 몇 바퀴 돌며 탑을 살펴보고, 잠시 혼탁한 시간에서 벗어나 잔잔하게 들려오는 독경 소리에 마음의 평안을 얻는다.

고운 빛깔로 물들었다 사라져가는 이 가을을 앉아서만 바라볼 수 없다. 만추의 적막함이 깃든 부석사로 떠난 늦가을 소풍은 코로나로 힘들었던 시간을 날려보내고, 혼탁한 세상에 힘들었던 시간의 마음속 함박 허물을 날려버리며 평온을 찾는다.

촛불

지금은 전기 사정이 좋아져 빛을 밝히는 수단으로 촛불의 용도가 사라졌다. 하지만 촛불은 전기가 없던 시절에는 호롱불과 함께 어두운 밤을 밝히는 수단으로 오래전부터 사용되었다. 종교의식에서 촛불은 예로부터 진리와 가르침의 의미로 전해 내려온다. 법당에서 부처님께 예불을 드릴 때나 성당에서 미사를 드릴 때 촛불은 빠지지 않고 빛을 밝힌다. 그뿐인가. 집회에서도 촛불은 빠질 수 없는 단골로 등장한다. 촛불은 시민운동의 상징이 되어 울림을 주고, 많은 이들이 염원하는 것을 성취하기 위한 아린 마음의 상징이 되기도 한다.

나에겐 촛불에 얽힌 잊지 못할 추억이 있다. 6·25전쟁 후 전기 사정이 좋지 못한 시절의 밤은 전기 공급이 중단될 시간이나 아니면 갑자기 전기가 끊어질 때를 대비하여 집집이 양초 몇 자루쯤은 항상 준비하여야 했다.

　어린 시절 시골집 행랑채 골방이 나의 공부방이었다. 겨울철 촛불은 빛을 밝혀주는 수단도 되지만 약간의 난방 도구 역할도 하였다. 늦은 시간 어둠을 밝히려 촛불을 켜놓고 숙제하다 창틈 사이로 들어온 찬 공기 때문에 손이 시리면 촛불에 두 손을 모아 녹였다. 그러다 평상에 엎드려 스르르 잠들면 살포시 안아 잠자리에 뉘어줬던 포근한 어머니의 사랑이 그리워진다.

　요즈음 젊은이들은 사랑과 연민의 상징으로 촛불을 밝힌다. 사랑 고백이나 청혼 시에도 꽃과 함께 촛불이 등장하는 TV드라마나 영화를 쉽게 볼 수 있다. 7080 추억 속에는 1970년대 후반 혜성같이 나타나 문학성이 강한 가사와 감미롭고도 서정적 곡조로 부른 '촛불'을 잊지 못한다.

　　소리 없이 어둠이 내리고 길손처럼 또 밤이 찾아오면,
　　창가에 촛불 밝혀 두리라 외로움을 태우리라.
　　나를 버리신 내 임 생각에 오늘도 잠 못 이뤄 지새우며,
　　촛불만 하염없이 태우노라 이 밤이 다 가도록.

　이 노래는 듣기에 따라 느낌이 다를 수 있다. 아름다운 노래라기보다는 멜로디와 창법이 조금은 한 많은 노래 같다. 어쩌면 그래서 가수 정태춘의 허무적인 노랫말이 듣는 이로 하여금 처량함을 느끼게 한다. 개울가 흐르는 물처럼 흥얼거리는 그의 낮은 목소리에

도 애처로움이 묻어난다. 이 노랫말이 전하는 느낌을 그대로 살리려면 갑자기 어두워진 카페 후미진 곳에 앉아 작은 빛을 소망하는 바로 이런 날, 이 노래 '촛불'을 들으면 좋으리라.

 1995년 12월 초순 북유럽 스웨덴 스톡홀름에서 열린 학회에 참석한 적이 있다. 그때 지구 북반구 먼 곳 스톡홀름까지 갔으니 학회만 참석하고 돌아가기가 아쉬워 함께 간 동료와 둘이 자동차를 빌려 스톡홀름에서 덴마크 암스테르담까지 여행하였다. 여행길을 걱정하던 차에 학회에서 만난 스웨덴 친구에게 가는 길을 물었다. 마침 그 친구가 우리 여행길의 중간 지점쯤인 욘쇼핑Jonkoping이라는 곳에 살고 있어 그곳까지 함께 가며 길잡이를 해주어서 편안하고 즐거운 여행을 할 수 있었다.

 북유럽의 12월 초순은 이미 깊은 겨울로 접어들었고, 구릉처럼 높지 않은 산야는 새하얀 눈으로 덮여있었다. 자동차는 흰 눈 쌓인 침엽수 숲길을 끝없이 달렸다. 창밖은 마치 영화 〈닥터 지바고〉에서 펼쳐진 눈 덮인 시베리아가 연상되었다. 잠시 영화 속 '라라'와 '지바고'가 이루지 못한 애절한 사랑의 회상을 떠올리며, 창밖의 아름다운 풍경에 흠뻑 빠져들었다.

 욘쇼핑으로 가는 길에 가끔 구릉 위에 있는 작은 마을도 만났다. 띄엄띄엄 있는 집 창가에서 비치는 촛불 빛을 차창을 통해 바라보았다. 마치 은하수가 반짝이며 내뿜는 빛의 향연 같았다. 황홀한 밤 여행이었다.

 스웨덴 친구에게 전깃불을 밝히지 않고 집집이 창가에 촛불을 밝히는 이유가 무엇인지 물었다. 그 촛불은 기독교 예절에 따라 예수 그리스도를 기다리는 대림 촛불이었다. 잔잔한 불빛을 바라보면서 자연의 아름다움과 함께 조화를 이루는 신앙의 촛불이 긴 시간 동안 쌓인 피로를 말끔히 씻어주었다.

  욘쇼핑에 도착하여 마을 시냇가에 있는 조그만 호텔에 여장을 풀었다. 저녁 늦은 시간 그곳까지 동행한 스웨덴 친구가 샛강이 흐르는 강둑 위 촛불을 밝힌 작은 레스토랑으로 식사 초대를 하였다.

  왜 전깃불을 켜지 않는지 질문하자, 그 대답에는 종교적 의미가 담겨 있었다. 이곳 사람들은 기독교 문화에 깊이 젖어 있었다. 레스토랑 주인의 신앙심에 따라 대림 시기에 전깃불을 켜지 않고 촛불로 분위기를 신비롭게 하는 곳도 있다고 한다. 나에게 색다른 추억을 만들어 주기 위해 늦은 시각에 저녁 식사를 초대한 스웨덴 친구의 배려가 잊히지 않는다.

  촛불은 아름답고 낭만적인 풍경을 만들어 내기도 하고, 보는 이로 하여금 촛불의 의미와 함께 이색적인 추억도 갖게 한다. 이렇듯 촛불은 사용하고자 하는 뜻에 따라 다양한 의미가 있다. 자신을 태워 빛을 밝히는 초와 같이 아름답고 의미 있는 세상이 되기를 꿈꾸어 본다.

나에게 쓰는 여행 편지

어린 시절 호기심이 많았던 나에게 편지를 쓴다.

초등학교 다닐 때 뒷동산에 올라 멀리 펼쳐져 있는 저 산 너머는 어떤 세상이 있을까 하는 생각을 자주 하였다. 아무리 쳐다보아도 첩첩이 가로막은 산 때문에 가보지는 못하고 호기심만 쌓였다. 그저 막연히 빨리 어른이 되어 자유롭게 다닐 수 있게 된다면, 마음껏 돌아다니겠다고.

이제 은퇴자가 되어 기계적인 시간의 구속에서 벗어나 자유로운 자연의 시간을 선물 받았다. 어릴 때 꾸었던 꿈을 좇아 기회가 될 때마다 이곳저곳 찾아다닌다. 하지만 삼십 년 이상 받았던 월급이 어느 날부터 통장에 들어오지 않는다. 연금을 받지만 자유롭게 떠나기에는 망설임이 앞선다.

어릴 때 꾸었던 꿈을 이루기 위하여 궁리한다. 적은 비용으로 가고픈 곳을 갈 방법이 없을까 하는 생각 끝에 배낭을 메고 스스로 찾아가는 자유여행을 한다. 처음에는 어려움도 있었지만, 하면 할수록 편안함이 몸에 배어들었다. 타지의 설렘과 낯섦이 주는 두근거림과 두려움도 줄었다. 인생 2막에서 얻은 시간의 자유는 다양한 시도와 경험을 채울 기회로 삼으면서 어린 시절 꾸었던 꿈을 찾으려 한다.

현대인은 익숙함을 편하게 느끼고, 낯선 것을 불편하다고 생각하기에 매사에 편안한 것만 찾으려 한다. 하지만 때로는 다소 불편하여도 낯선 곳을 찾고픈 때가 있다. 새로움에서 편안함을 얻기 위해서는 언제나 낯섦이라는 과정을 거쳐야 한다. 낯섦은 시간이 흐르고 노력하면 익숙함으로 변한다. 그리고 낯섦이 편안해질 때쯤 되면 그 속에서 즐거움을 몸과 마음으로 느낄 수 있다. 그러나 낯섦에 대한 설렘보다 두려움 때문에 도전할 용기가 없어 포기하면 후회하게 된다. 이제 익숙함에서 벗어나 낯섦을 찾아 떠나는 모험이 일상이 되었다.

소노아야꼬浦知壽子는 《나는 이렇게 나이 들고 싶다》란 계로록戒老錄에서 "여행지에서 죽는 한이 있어도 여행을 즐겨라"고 권유한다. 물론 나이가 들면 가파른 언덕이나 산길 오르는 것이 힘겹고, 비행시간이 길면 지치게 되는 것은 사실이다. 하지만 체력이 허용하는 범위 안에서 즐기는 여행은 건강에 좋다.

여행은 감수성을 유지하고 삶의 활력을 찾을 수 있으며, 일상의 탈출은 새로운 경험, 나를 찾는 힐링, 스트레스 해소, 근육과 뼈 기능의 향상 등 몸에 이로운 것들을 많이 얻을 수 있다. 즉, 몸에서 엔도르핀이 솟아나 눈과 마음을 기쁘게 하고, 나아가 노화를 늦춰줄 것 같은 기분도 느낄 수 있다.

어릴 때 꾸었던 꿈을 좇아 우선 나이가 한 살이라도 젊었을 때, 사는 곳에서부터 먼 곳과 난해한 지역부터 다녀야겠다는 목표를 가지고, 은퇴 후 몇 년 동안 이곳저곳 찾아다녔다. 캐나다 로키와 남미 페루 마추픽추의 잉카 올레길을 걸었고, 볼리비아 우유니 사막에서 칠레 산페드로 아카다미아로 가기 위하여 안데스 산길도 넘었다. 중국 윈난성에 있는 차마고도와 옥룡설산, 교자설산도 올랐으며, 네팔 히말라야 안나푸르나 베이스캠프까지 오르는 트레킹도 하였다. 그리고 구도자는 아니지만, 프랑스 생장피에드포르에서 피레네산맥을 넘어 스페인 산티아고 데 콤포스텔라까지 야고보 순례길을 걸었다. 지구의 지붕 파미르고원과 중앙아시아 고원에 있는 다섯 나라의 자연을 즐기는 느린 여행도 해 보았다.

자연을 찾아 떠나는 여행지는 고산지대가 많다. 높은 곳은 밤새 추위에 몸을 꽁꽁 얼게 해놓고, 해가 중천에 떠오르면 따스함을 넘어 피부를 자극한다. 하지만 발아래는 아스팔트나 시멘트가 아니라 흙과 싱그러운 초원의 카펫을 걷는 보상도 해준다. 그리고 산길을 걷다 보면 띄엄띄엄 옛 방식대로 살아가는 순정 깊은 원주민을 만나고, 그들의 해맑은 미소로 인사를 나누는 순간 피로를 말끔히 날려보낸다.

  자연이 펼쳐놓은 세상에는 순결한 아름다움을 만나게 되고, 그곳에는 사사로운 욕심이나 헛된 생각이 없는 순수함을 느낀다. 계곡물 소리, 새소리, 바람 소리와 같은 자연의 속삭임은 도시의 둔탁한 기계음에 숨 막히는 제자리걸음에서 벗어나게 해준다. 밤에는 보석처럼 반짝이는 별들의 세상이 펼쳐지고, 밤하늘의 달빛에 취하여 모든 시련을 한순간에 날려보낸다.

  어린 시절 가졌던 호기심의 창고를 열며 느릿느릿 사유를 즐긴다.

    자세히 보아야
    예쁘다

    오래 보아야
    사랑스럽다

    너도 그렇다

  나태주의 시 〈풀꽃〉이다. 도시에서 차를 타고 달릴 때는 제대로 볼 수 없었지만, 자연의 캠퍼스를 걸으며 자세히 살펴볼 땐, 느림이 주는 안락함을 느낀다. 은퇴는 자연의 시간을 즐길 때다.

여행은 설렘과 낯섦으로 시작한다. 그리고 내가 알지 못하거나 느끼지 못한 것들과 만남을 준비하는 과정에서부터 설렘은 시작된다. 여행지에서 만난 낯섦에서 익숙할 즈음이 되면 또 다른 여행을 꿈꾸게 된다. 이것이 여행이 갖는 매력이다.

티베트 불교의 성자 밀라레파Milarepa는 '여행을 떠나는 것만으로도 깨달음의 반은 성취한 것'이라는 말을 남기고 히말라야로 떠났다. 그에게 순례는 깨달음의 원천이었고, 우주 속에서 끊임없이 돌고 도는 윤회의 종착점과도 같았다.

오색 단풍의 비단 물결이 춤추는 늦가을이다. 어떤가, 홀로 만추의 숲길을 걸어 보는 것이. 히말라야가 아니라 지리산도 좋고, 주변의 올레길도 좋으며, 산사의 숲길도 좋다. 마치 순례자처럼 모든 것을 내려놓고 고요하고 텅 빈 자연의 길을 따라 걸으며 나만의 모래성을 쌓아보자.

공자는 일찍이 "아는 사람은 좋아하는 사람만 못하며, 좋아하는 사람은 즐기는 사람만 못하다"라고 하였다. 아는 것보다 좋아하는 것을, 좋아하는 것보다 즐기는 것이, 더 '참'이라는 것을 깨우쳐 주는 가르침이다. 주어진 시간이 그리 길지 않은 인생의 저물녘에 자신의 선택과 의지에 따라 삶을 즐기고 있는지를 되돌아본다. 나그네는 지금도 먼 산을 바라보며 '저 너머 어떤 세상이 있을지'를 꿈꾼다.

잉카인의 태양 축제

　이른 아침, 안데스의 높은 설산에 반사되어 눈부시게 비추는 따사로운 햇살과 가슴이 시리도록 차가운 고산지대 찬 공기가 공해에 찌든 허파꽈리들을 잠에서 깨운다. 남반구 쿠스코의 유월 하순은 여름이 아니라 깊은 겨울이다. 밤에는 영하로 내려가고, 아침에는 밤사이 내려간 기온이 햇살에 데워지지 않아 차갑다 못해 시리다. 하지만 싱그러운 공기 때문에 시차도 아랑곳하지 않고, 아리따운 여인의 춤사위에 취하듯 그저 맑은 공기에 흠뻑 빠져든다.
　이곳에는 사라진 잉카문명의 흔적이 많이 남아있으나, 고고학적으로 해석하는 데에는 어려움이 많다. 이유는 아쉽게도 선조들이 그들의 역사를 기록으로 남기지 않았고, 그나마 구전되었던 역사마저도 15세기 스페인 침략자들에 의해 소실되었기 때문이다. 그러나 잉카인들의 태양 축제 '인티 라이미'는 Inti(태양) Raymi(축제)라는 뜻의 케추아어語를 복원하여 축제를 재현하고 있다. 여정은 세계문화유산인 쿠스코 잉카 벨리 유적지를 돌아보며 태양축제에 동참한다.

잉카제국 시대는 태양 신전인 '코리칸차Qorikancha'(황금들판이란 뜻)가 있다. 신전은 스페인 침략군에 의해 파괴되어 지금은 흔적 없이 사라졌지만, 잉카문명을 연구하는 고고학자들 사이에서는 원래 3단으로 된 제단이 있었을 것으로 추정한다. 하단은 지하계, 중단은 지상계, 상단은 천상계를 상징하도록 만들었다는 설도 있다. 그 삼단이 뱀(지하), 퓨마(지상), 콘도르(천상)를 상징한다는 설도 있다.

쿠스코에는 고대부터 태양 신전 코리칸차에서 한 해의 풍작을 기원하는 제례 의식이 있었다. 절기가 한국과 정반대인 남반구의 유월 스무하루는 하루의 해가 가장 짧은 북반구의 동지와 같다. 잉카인들은 이날 태양신에게 제를 올렸으나, 스페인 정복자는 태양신을 받드는 이 축제를 이단으로 규정하고 가톨릭으로 개종시키면서 폐지했다. 1944년 페루의 작가 파우스티노 나바로Faustino E. Navarro에 의해 다행스럽게도 끊어진 축제가 고증을 거쳐 계승되었다. 축제는 가톨릭교회의 성 요한 축일(6월 24일)로 바뀌 치러진다. 그 후 쿠스코는 잉카 유적의 보존 가치를 인정받아 1983년 도시 전체가 유네스코 세계문화유산으로 지정되면서 페루는 이 축제를 통하여 잊혔던 과거의 화려한 역사와 전통을 이어가고 있다.

정복자들은 코리칸차를 부수고, 그 자리에 그 돌을 사용하여 바로크 양식의 산토도밍고 교회를 지었다. 비록 신전은 없어졌지만,

잉카인들은 그들의 전통적인 전례를 계승하여 교회 앞 광장에서 쿠스코 주민 중 선발된 왕이 태양을 향해 두 손을 올려 경배를 드리고, 아르마스 광장까지 줄지어 행렬을 이어가는 축제를 해마다 이어간다. 축제의 절정은 쿠스코가 내려다보이는 성벽 '사크사이와만Sacsayhuamán'에서 제물을 바치는 제례로 이어진다. 곡식을 불에 태우고 수십 마리의 라마 중 한 마리를 제단에 올려 왕이 배를 가르고 심장을 꺼내 하늘에 바친다. 이때 라마의 심장이 힘차게 고동치면 한 해 농사가 잘될 것이라고 믿었다고 한다. 이후 바쳐진 모든 제물을 태워 제례 의식이 끝나면서 아흐레 동안 축제가 이어진다.

축제의 절정이 치러지는 사크사이와만의 석재 축조물은 '태양신의 한 수'가 깃든 것처럼 돌과 돌 사이에는 종이 한 장이 들어가지 않을 정도로 정교하지만, 아쉽게도 웅장한 자태의 일부만 남아있다. 그 이유는 침략자들이 이곳을 점령한 후에 관청, 교회, 군영과 그들의 집을 짓기 위하여 사크사이와만과 주변 문화재의 석재를 가져다 사용하였기 때문이다. 아직도 이 석조 유적을 왜 축조하였는지 알지 못한 채 수수께끼로 남아있다. 많은 고고학자는 요새라고 생각하지만, 일부 학자는 오히려 종교적인 목적으로 만들었을 것이라는 의견을 제시하기도 한다. 아니면 두 가지 역할을 다했을지도 모른다.

출입구 높이가 3m에 달하고 모퉁잇돌 높이가 8m에 달하는 사크사이와만의 유적은 잉카인의 자랑이고, 그들이 일구어낸 위대한 공학적 업적이다. 건축학자들 사이에서는 불가사의한 이 석조 유적에 관한 연구가 계속 진행되고 있다. 특히 이 지역은 잦은 지진으로 많은 현대적 건물이 부서졌으나, 놀랍게도 이 잉카 유적만은 붕괴하지 않고 남아 있다. 이곳에 사용된 돌은 회반죽 없이 네 귀가 맞물려 있을 뿐인데도, 처음부터 움직이지 말라는 샤먼의 신탁이라도 따르는 듯 꿈적하지 않고 단단히 붙어 있다. 놀라운 지질학적 사실은 이곳에 사용된 돌이 쿠스코 지역에서 나는 돌이 아니라는 점이다. 그러면 이 많은 돌을 어디서 어떻게 높은 고원지대인 이곳까지 옮겨 왔는지, 돌마다 수 톤에 달하는 것들을 어떻게 들어올려 제자리에 쌓았는지는 런던 서남부 솔즈베리 평원에 있는 스톤헨지 Stonehenge와 함께 고고학적 미스터리로 남아있다.

쿠스코 역사지구에는 침략자들이 잉카인들의 황금을 수탈하고 지배하기 위하여 지어진 건축물과 즐비하게 들어선 오래된 석조건축물을 볼 때, 쓰라린 상흔의 역사를 느낀다. 다른 한편으로는 그런 아픔을 보듬고 열심히 살아가고 있는 정겨운 모습을 보면서 먼 훗날 그들의 삶을 그려본다.

카(E. H. Carr, 1892~1982)의 말처럼 '역사란 현재와 과거 사이의 끊임없는 대화'이다. 우리는 지금 무엇을 위해 과거를 찾아 대화하는가. 과거의 한 점과 현재의 한 점이 있다. 두 점을 연결하는 통로를 찾는다면, 아마도 어디쯤 있을 미래의 한 점을 유추할 수 있지 않을까. 현재에만 집착하지 않고, 과거를 되돌아보면서 미래의 한 점을 찾아야 한다는 역사의 가르침을 느낀다.

태양축제의 발자취를 따라 떠난 뚜벅이 여행에서 익숙함과 편안함을 뒤로하고, 신비로운 자연과 역사의 흔적, 삶의 새로움을 찾아 사유를 즐긴다. 어깨에 둘러멘 배낭의 무게가 온몸으로 느껴질 즈음, 여행자 숙소에서 만난 자연을 닮은 현지인들의 해맑은 미소가 하루의 피곤함을 잊게 한다.

산티아고 순례길 첫날

프랑스 남서부, 스페인과 이웃한 작은 마을 생장피에드포르Saint Jean Pied de Port에 어둠이 짙게 드리운 새벽이다. '야고보의 순례길 Camino de Santiago'을 걷기 위하여 피레네 산길을 따라 '산티아고 데 콤포스텔라'로 가는 순례길 첫날이다. 4월 하순, 산 아래쪽이라 그런지 한기를 느낄 만큼 새벽 공기가 제법 차갑지만, 달빛은 청량하게 밝다.

사암 벽돌로 지은 지 오래된 빛바랜 바스크 양식의 고풍스러운 집들이 즐비한 마을 한가운데 있는 성당(Notre-Dame du Bout du Pont Church) 앞에 잠시 서서 기도한다. 중세 성문을 지나 해자 역할을 하는 니베Nive강의 오래된 돌다리를 지나간다. 맑은 물소리에 귀를 세우며 강물에 비친 내 모습을 쳐다보고 마음을 다잡는다.

마을을 벗어나자 새벽잠에서 깨어 울고 있는 풀벌레들의 애잔한 소리가 들린다. 산새들이 잠에서 깰까 조심스럽게 입을 막고 소리 죽여 가볍게 헛기침한다. 산길은 가파르지 않아도 가볍게 오르기에는 쉽지 않다. 의욕이 앞서 조금 빨리 오르다 보니 숨이 차고, 배낭을 멘 등은 이미 땀에 흠뻑 젖는다.

 여명이 트려는지 새들이 재잘거리는 소리가 들린다. 떠날 때 보았던 새벽하늘의 별빛이 흐려진다. 이제 별들이 잠자리에 들 시간이 된 것 같다. 헤드 랜턴의 도움 없이도 주위를 볼 수 있다. 돌부리에 걸려 넘어지지 않을 만큼 아침이 밝아온다. 어둠 속에서 보지 못하였던 주변의 아름다운 자연경관이 파노라마처럼 눈 앞에 펼쳐진다. 잔설이 있는 먼 산은 운무에 가려 아직도 잠에서 깨어나지 않았는지 웅장한 자태를 보여주지 않는다. 나지막한 구릉지에 펼쳐진 산야는 어느새 허리에 두른 안개 띠를 벗어던졌다. 눈부신 아침 햇살 속에 가냘픈 여인의 속살이 비칠 듯, 고즈넉한 풍경에 절로 걸음이 멈춰진다. 어디를 둘러봐도 이보다 멋진 자연의 엽서는 없다. 이 아름다움의 순수함과 목가적인 풍광을 눈에 모두 담을 수 없는 아쉬움 때문에 카메라 셔터를 쉬지 않고 누른다.

 산장을 떠나 두 시간 정도 아름다운 고원의 풍경을 둘러메고 산길을 오른다. 양지바른 길옆 한쪽에 아래층은 돌로 가지런하게 쌓았고, 위층은 나무로 지은 산장이 눈에 들어온다. 발걸음 재촉하여 사진으로만 보았던 '오리손'에 다다른다. 여행계획을 세울 때 첫날 일정에 대한 고충이 많았다. 시작하는 날 피레네산맥을 하루에 넘기 힘들 것 같아 이곳 알베르게에서 하룻밤을 머물려고 하였으나,

예약이 꽉 차 어쩔 수 없이 26km 산길을 걸어 피레네산맥을 넘을 수밖에 없다.

갈 길이 바빠도 이 산장을 그냥 스쳐 지나갈 수는 없다. 이곳을 지나면 민가 한 채 없는 허허벌판과 가파른 산길만 있기 때문이다. 잠시 쉬면서 사과파이 한 조각 곁들여 '까페콘라체'를 마신다. 올라올 때 스쳐간 풍광의 퍼즐들을 맞추며 떠오르는 느낌을 글로 옮긴다. 옆에서 차를 마시던 일본인이 내 모습을 카메라에 담다가 셔터 소리 때문에 나한테 들킨다. 나는 웃음 지으며 '괜찮다'라고 하자, 그는 연신 고개를 숙이며 '미안하다'고 한다. 그 후 그는 길동무가 되어 앞서거니 뒤서거니 하며 함께 걷는다.

산길을 오르다 이탈리아 밀라노에서 혼자 온 젊은 20대 여성을 만나 잠시 같이 걷는다. 이런저런 이야기를 나누다 서로 마음이 편해졌을 즈음, 왜 이 길을 걷느냐고 물었다. 그녀는 '한 달 일정으로 산티아고 데 콤포스텔라까지 걸으면서, 대학 졸업 후 아버지의 뜻에 따라 대학원을 진학해야 할지, 아니면 사회로 진출할지를 결정하려고 한다'면서 해맑게 웃는다. 이 젊은이는 이 길을 걷는 분명한 목표가 있구나라고 생각하며 나도 다시 마음가짐을 새롭게 한다.

봄이 시작되는 길목에서 발목까지 쌓인 낙엽 위를 걷는 기분이 새롭다. 사각사각 하는 소리를 들으며 걷고 또 걷는다. 주목과 비슷한 잎을 가진 고산 가시나무에서 골담초骨擔草처럼 노란 꽃을 피운 산길을 따라 '벤타르테아 언덕Collado de Bentartea'의 가파른 고갯길을 넘는다.

걷는 길이 힘겹지만 군데군데 피어난 야생화 군락지가 길벗이 된다. 우리나라 깊은 산에서만 볼 수 있는 얼레지를 닮은 야생화들이 군데군데 피어 있다. 깊고 맑은 산자락에 피어난 연보랏빛 여린 꽃잎은 세찬 비바람에 파르르 떨면서도 아름다운 자태를 잃지 않는다. 길 모퉁이에는 행여 피레네산맥을 하루에 넘지 못하는 순례자를 위해 바위 틈새에 만들어 놓은 대피소를 스쳐 간다. '롤랑Roland의 샘' 옆에서 준비해 간 빵과 샘물로 목을 축이며 점심을 해결한다. 이 샘은 롤랑 백작이 산을 넘을 때 마셨다는 전설에서 붙여진 약수터다. 롤랑은 11세기 중세 유럽의 서사시인 '롤랑의 노래La Chanson de Roland'에 등장하는 영웅이다. 이곳을 기점으로 프랑스와 스페인의 국경이 나누어진다.

약수터를 지나 피레네 순례길에서 가장 높은 '레푀데르 언덕Collado de Lepoeder'에 이른다. 여기서부터는 내려가는 급경사 길이다. 올라올 때 보았던 파란 하늘이 순식간에 어디론가 사라졌다. 하늘에는 성난 먹구름이 가득하고, '우르르 쾅쾅' 천둥소리는 쉬지 않고 귓전을 마구 때린다. 번쩍거리는 번갯불 빛에 또 한번 놀란다. 오기 전, 이 길의 날씨는 위치와 시각에 따라 천국과 지옥을 왔다 갔다 할 정도로 힘겹다는 정보를 알고 있다. 그날이 바로 오늘인 것 같다. 산을 오를 때가 천국이었다면 내려가는 길은 지옥이다. 세찬 비바람과 함께 하늘에서는 '우두둑우두둑'하며 우박이 쏟아진다. 제법 큰 구슬 모양이다. 황급히 배낭에서 비옷을 꺼내 입는다. 하늘에 드리워진 검은 먹구름이 쉽게 벗어나지 않을 상황이라는 것을 느끼자 절로 발걸음이 빨라진다. 쏟아붓던 우박이 그치고 이번에는 거센 눈보라가 치다 갑자기 폭우로 바뀌어 우리나라 장맛비보다 강하게 퍼붓는다.

목적지 론세스바예스까지는 아직도 갈 길이 멀다. 하지만 마땅히 비를 피할 곳도 없고, 되돌아가기에는 너무나 먼 길을 왔다. 이 순간을 조금이라도 빨리 벗어날 수 있는 길은 발걸음을 재촉하는 수밖에 달리 방법이 없다. 비옷을 입었어도 온몸이 젖어 마치 물에 빠진 생쥐 같다. 빗속을 두 시간 걸어 산 아래로 내려가자 어느새 빗줄기도 약해지고, 멀리 동화책에서 본 듯한 작은 산골 마을에 초저녁 불빛이 띄엄띄엄 보인다. 열두 시간의 산행 끝에 순례길 첫날 목적지에 도착하고 보니, 힘들고 불편한 순간도 있었지만 기쁨의 희열이 더 크게 느낀다.

중세 수도원을 개조한 숙소에 도착했다. 오래전 돌로 지은 건물이 비에 젖고 어둠이 드리워서인지 칙칙한 분위기에 적막감이 든다. 영화〈The Way〉의 촬영 장소로 알려진 론세스바예스 호텔에 여장을 풀고, 비에 젖은 옷가지들을 히터에 말린다. 나는 왜 이 험난한 산길을 걸어야 했는지를 생각하며 수도원 성당에서 순례자 미사를 드린다. 오르는 산길에서는 루이 암스트롱의〈What a Wonderful World〉의 노랫말처럼 아름다운 자연을 맘껏 느꼈다면, 내려가는 산길에서는 살아온 인생 굴레에서 힘들었던 순간들이 스쳐 지나간다.

'산티아고 순례자의 길은 둘이 가도 혼자 걸어야 한다'는 길이다. 살면서 무겁게 지고 살았던 마음의 짐을 하나씩 내려놓고 걸어야 한다. 이 길은 그 무엇인가를 찾고자 스스로 떠나는 구도의 길이다. 지금은 종교적인 순례 외에도 다양한 이유로 이 길을 걷는 사람이 많다. 길에서 만나는 순례자의 반 이상은 은퇴 후 삶을 위하여 카미노를 걷는다고 하고, 어떤 이는 아름다운 자연을 찾아 이 길을 걷는다고 한다.

아름답고 신비로운 자연은 종교를 떠나 태고부터 인간이 최우선으로 사랑한 예찬의 대상이다. 문학, 미술, 음악 등 예술 전반에 걸쳐 자연의 아름다움을 보고 느낄 때, 그냥 지나칠 수 없는 것이 인간 본연의 심성이다. 나도 그 자연 속으로 걸어간다.

'송쿨' 호수의 비경

여행길에는 눈길 닿는 것이 많다. 놓치기 아쉬운 곳이 있어 찾아 탐조하다 보면 때로는 가슴속 감정과 한몸이 되어 신비로움이 어우러지는 환상도 체험할 수 있다. 발품을 파는 수고로움을 아끼지 않는다면 생각지 않았던 자연의 웅장함과 아기자기한 미적 환희가 파노라마처럼 펼쳐지는 비경을 만날 수 있다. 여행은 정해진 길 따라 무작정 가지 말고 볼거리를 찾아 즐겨야 한다. 여행은 숨겨진 비경을 찾듯이 바쁜 일상에서 잃어버린 것을 되찾을 수 있고, 나아갈 행로에 방향타가 되어 주기도 한다.

중앙아시아의 스위스라고 하는 키르기스스탄 산정山頂에 있는 '송쿨 호수'를 찾아간다. 키르기스는 광활한 스텝 지형이 지평선 위에 끝없이 펼쳐진다. 초지에서는 수백, 수천의 양과 염소, 야크와 말이 무리 지어 풀을 뜯는 모습을 볼 때, 목가적인 정취에 빠져 도시 빌딩 숲에서 느낄 수 없는 평온함을 온몸으로 느낀다. 톈산산맥 산봉우리는 일 년 내내 만년설이 마치 병풍처럼 둘려져 있어선지, 고산지역임에도 오히려 포근함과 아늑함을 느낀다.

국토의 90%는 해발 1,500m 이상이고, 그중 40%는 3,000m가 넘는 산악지형이다. 톈산 아랫자락에 있어 빙하와 눈 녹은 물이 사시사철 흘러들어 푸른 초원을 일군다. 초지는 야생 초식동물에게는 먹이를 제공하고, 놀이터와 보금자리가 되어준다. 그리고 수천 년 전부터 이곳에 터를 잡은 원주민들에게는 삶의 터전이다.

키르기스의 지형적 특징은 천혜의 자연 호수가 2천여 곳이 넘는다. 호수는 유목민에게 생활용수를 제공하고, 야생동물과 가축에게도 생명의 물을 넉넉히 내어준다. 흘러내리는 맑은 물은 아름다운 계곡을 흘러 호수에 다다른다. '송쿨'은 '이식쿨' 호수에 이어 크기는 두 번째로 크지만, 고도는 3,500m로 가장 높은 곳에 있는 산정호수다. 이곳은 태초의 고요와 적막이 아직도 그대로 남아있다.

송쿨 호수로 가기 위하여 '발락치'에서 하룻밤을 머문다. 내일 타고 갈 교통수단과 숙소를 정하고, 식수와 간식을 준비하여 떠날 준비를 마친다. 밤에 별을 보려고 뒤뜰로 나갔으나 짙은 구름이 시샘하듯 별을 품어버리고, 살짝 비까지 뿌리는 심술을 부린다. 아침에 일어나 간밤의 구름 때문에 걱정이 되어 창밖을 내다보니 언제 그랬느냐는 듯 구름 한 점 없다. 햇살은 피부를 자극할 정도로 화사하다. 싱그러운 공기는 침실로 들어와 도시에서는 맛볼 수 없는 맑은 산소를 넘치도록 허파 속으로 밀어넣는다. 자연이 주는 청량한 상쾌함을 온몸으로 느끼며, 행복한 하루를 시작한다.

눈이 시리도록 푸른 하늘과 초록의 향연은 수목 한계선까지 이어지고, 도로 사정은 사륜구동 크루저 지프가 올라가기에는 어려움이 없다. 그러나 그 선을 넘어서자 비포장도로로 상태가 좋지 않다. 빙설 덩어리는 아직 녹지 않아 계곡 구석 여기저기 쌓여있다. 차에서 내려 카메라에 담는다. 먼 훗날 이곳에서 느낀 빛바랜 추억을 되새김하기 위해서다.

산길은 여행자의 발길을 쉽게 받아들이지 않는다. 겨우내 높은 산에 쌓였던 빙하와 눈 녹은 물이 흘러내릴 때, 크고 작은 돌이 함께 섞여 내려 길 위에 나뒹굴고 계곡물도 길을 넘쳐흐른다.

6월 중순이면 초여름인데, 3,000m 지역에 오르자 길섶에는 이제야 키 작은 한해살이 야생초들이 긴 겨울을 이겨내고 꽃망울을 터트린다. 꽃들은 수줍음을 머금은 채 차가운 바람결에도 아랑곳하지 않고 방긋방긋 웃으며 나그네를 맞이한다. 3,500m 고산에 있는 스텝 지역에 오르자 끝없이 펼쳐지는 원색의 초록 물결이 바람에 파도타기 하듯 살랑살랑 춤춘다.

띄엄띄엄 유르트가 눈에 들어오고, 연통에는 하얀 연기가 모락모락 피어오른다. 송쿨 호수 주변 유목민은 대부분 아랫마을인 '카라도'라는 마을에 산다. 이들은 봄이 시작하는 5월부터 가을인 9월까지는 산정 초지에서 양과 염소, 야크와 말을 키우고, 겨울이 시작하는 10월 초에 마을로 내려와 7개월 동안 봄이 오길 기다린다.

아이들이 신나게 말을 타고 달린다. 푸른 옥빛의 잔잔한 호수는 설산에 둘러싸여 도도한 모습을 드러낸다. 순간 남미 안데스산맥에서 만난 티티카카 호수의 모습이 주마등처럼 스쳐간다. 장관이라는 단어 이외에는 아무것도 생각이 나지 않는다. '와' 하며 외마디 탄성만 지르며 잠시 할 말을 잃고 그저 멍하니 쳐다보기만 한다.

유르트에 여장을 풀고 점심을 지어 달라고 부탁하고, 허름하게 쳐 놓은 천막 안 부엌으로 들어가 주방과 요리하는 모습을 살짝 훔쳐본다. 유목민의 살림살이는 언제든지 떠날 수 있도록 단출하다. 음식도 소박한 삶의 모습을 닮은 것 같다. 요란한 양념도 복잡한 조리법도 없고, 가능하면 자연 그대로의 맛과 향을 살려냄으로써 그 맛이 담백하고 순수하다. 말 젖으로 만든 '크므스'를 먹고, 빵은 두툼하게 구워 먹는다. 양고기가 그들의 주요 식자재가 된다. 그리고 빠지지 않는 것이 있다면, 홍차에 우유를 섞고 설탕을 타서 마시는 '차이'다. 큰 욕심 없이 항상 웃고, 찾아오는 손님을 신께서 보내준 선물이라고 반긴다. 이웃과 더불어 다툼 없이 살기에 더더욱 풍요로움을 느끼는 것 같다.

호수 주변을 산책한다. 이렇게 많은 가축이 초원에서 먹이 활동하고 있어도 많다거나 답답함을 느끼지 못한다. 초지가 넓다 보니 종간의 영역 싸움이나 서로 다른 종끼리 부대낌도 없다. 그저 보이는 대로 뜯어 먹고, 쉬고 싶으면 풀밭에 드러눕고, 때가 되면 배설하는 자연의 순수함이 펼쳐진다. 차갑고 맑은 호수의 물은 원주민의 식수다. 때가 되면 가축들도 그 물을 마신다. 인간과 가축 사이에는 특별한 영역이 없다. 밤이 되면 야생동물도 호숫가로 내려와

물을 마신다. 서로가 필요한 시간에 다툼 없이 공생한다.

잔잔하던 호수에 시커먼 먹구름이 몰려오자 물결이 출렁인다. 산책하러 나가려고 하는데 집주인이 해질 때는 비나 눈이 내리고 때로는 우박이 쏟아질 수도 있으니 비옷을 갖고 가라고 일러준다. 잠시 호숫가를 산책하는데 눈 깜빡할 사이에 비와 진눈깨비, 싸락눈보다는 약간 큰 우박이 우두둑 소리를 내며 떨어진다. 준비해 간 비옷을 입고 서둘렀지만, 기온이 떨어져 먼저 내린 진눈깨비는 풀 위에 얼음사탕을 만든다. 사박사박 눈 밟는 소리를 들으며 눈꽃 위를 걷는 느낌이 좋다. 예기치 못한 자연의 심술이자 멋이다.

유르트에 돌아오니 주인은 말린 야크 배설물로 난로에 군불을 지폈다. 탈 때 나는 냄새 때문에 자리를 비운 사이 난방을 한 것 같다. 향기롭지 못한 냄새가 아직 남아있기는 하지만, 이곳에서는 피할 수 없는 생활방식이기에 이것 또한 여행에서 즐기는 맛이다. 몸을 녹이고 다시 호숫가 초원으로 나간다. 어느새 심술을 부렸던 먹구름은 사라지고, 옅은 구름 사이로 저물녘 태양이 높은 톈산의 봉우리에 걸려 석양을 드리운다. 가축들이 먹이 활동을 마치고 줄지어 돌아간다. 목가적인 전원 풍경이다. 마치 밀란 쿤데라가 쓴 소설 〈참을 수 없는 존재의 가벼움〉에서 테레자와 카레닌이 꿈꾸었던 전원시의 풍경이 그려진다.

양치기 목동은 주변을 살피고, 몰이개들이 이리저리 흩어져 외곽 경계를 하면서 길잡이 한다. 거대한 산정호수에서 바라보는 석양은 서해와는 확연한 차이가 있다. 구름 사이를 들락날락하는 석양은 설산에 반사되어 호수에 몸을 담그며 물결과 한몸이 되어 덩실덩실 춤을 춘다. 검붉게 타오르며 사라지는 해 질 녘 석양의 신비로운 산정 풍광은 이곳이 아니면 볼 수 없다. 곧 어두워지면 야생동물의 먹이 활동이 시작될 것이다. 이제 그들에게 자리를 내어줄 시간이 된 것 같다. 깊은 밤에는 숙소를 벗어나 멀리 가지 말라고 집주인이 일러준다. 야생 늑대와 여우가 호숫가로 내려오고, 개들이 짖어대는 소리는 그들이 내려왔다는 신호란다. 여행자는 눈표범을 보기 어렵지만, 가끔 출몰하여 가축들을 긴장시킨다고 귀띔한다.

저녁을 마치고 집주인과 차이를 함께 마신다. 그는 알아들을 수 없는 노래를 입안에서 흥얼거리며 '마나스Manas'의 서사시를 낭송한다. 호머의 '일리아드'보다 16배나 긴 구전 시로, 알타이족은 문자가 없어 아쉽게도 자료로 남아 있는 것은 거의 없지만, 부족 사이에서는 지금도 구전으로 전해진다고 한다. 이 시는 2013년 등재된 유네스코 인류무형문화유산인 '키르기스인의 3부작 서사시 마나스, 세메테이, 세이테크Kyrgyz epic trilogy Manas, Semetey, Seytek'를 통하여 키르기스의 문화를 대표한다. 서사시의 주요 내용은 민족 영웅인 '마나스' 장군이 흩어져 있던 민족을 통합하여 하나의 국가로 완성해 나가는 과정을 구술한 것으로서 '마나스치'라는 음송자에 의해 천년이 넘는 시간 동안 전승되어 오고 있다. 이 서사시를 통해 키르기스 민족의 문화, 도덕, 역사, 사회, 종교를 알 수 있으므로 마나스는 '키르기스인과 동의어이며, 그들의 삶을 담은 백과사전'이라고 표현한다.

이 있기 때문이다. 멈추어 사색하면, 일상에서 아주 작은 생각과 행동 하나가 어느 순간 삶의 행복을 느낄 수 있다.

이렇게 보고픈 것을 찾아 떠나는 여행자처럼 살면 얼마나 좋을까. 그러나 일상을 그렇게 살기는 어렵다. 하지만 잠시 멈춰서 약간의 틈을 만들 수 있다면 반드시 어렵다고만 할 수도 없다. 노력한다면 짧은 시간이나마 일상에서 벗어나 자연을 찾는 여행을 얼마든지 즐길 수 있다. 알랭 드 보통은 《여행의 기술》에서 "살면서 삶에 대한 답을 수없이 얻어야 하듯이, 여행하면서 그 속에서 나만의 답을 만들어 가야만 한다"고 하였다. 물론 해답은 자연 속에만 있는 것은 아니겠지만, 자연은 넉넉하고 포근하며, 빼앗거나 피곤하게 하지 않는다. 자연은 인간뿐만 아니라, 생명이 있는 동식물에도 베풀어 주고 보듬어 주는 것이 섭리다. 삶의 시간은 힘들 때 기계적인 시간으로 보면 길어 보이지만, 자연의 시간으로 보면 그리 길지 않다. 이제부터라도 늦지 않다. 틈이 있는 삶을 찾는다.

도시의 휘황찬란한 불빛에 가려 드러나지 않은 그늘에서 벗어나 자연의 순수와 고요를 찾아 오지 여행을 떠난다. 그동안 시간의 여유로움을 찾지 못하고 앞만 보고 달리며 살았던 지난 세월을 뒤돌아보고, 느림이 주는 여유로움을 찾아 사색하며 나만의 심연에서 사유를 즐긴다.

자연의 속삭임이 들리는 깊은 밤이다. 밤하늘의 별
여 유르트 밖으로 나간다. 실내는 섭씨 20도 정도가
로 나오자 영하 7~8도 정도 되다 보니 기온 차가 심
느낀다. 저물녘에 내린 진눈깨비는 어느새 얼음이 되어
다 바삭바삭 소리를 내어 깊은 밤의 적막을 깬다. 구름
들이 띄엄띄엄 흐릿하게 보이지만, 파미르고원 '부룬쿨
던 별들의 향연은 볼 수 없을 것 같다. 매일 맑은 밤하늘
수 없지 않은가, 이런 날도 있지 하며 푸념한다. 깊은 밤
지나가고 나면 멋진 별을 볼 수 있다고 집주인이 귀띔해
긴 여행에 지친 나그네는 잠자리에 든다. 난생처음 야크
거친 밑바닥 요를 깔고 그 위에 포근한 양털 요와 이불을
르트에서 깊은 꿈속 여행을 떠난다.

아침 햇살이 유르트의 빗살 틈 사이로 들어와 잠자리에서
라고 재촉한다. 밖으로 나오자 어제와 다른 고산 호수의
자연 절경을 보여주며, 해님은 찬란한 빛으로 윙크한다. 호
수없이 많은 다이아몬드를 뿌려놓은 듯 햇살이 반짝인다.
운 자연은 그 어느 것과도 비교할 수 없을 만큼 순수하고 진
느낄 수 있는 환희의 풍광을 펼친다. 이런 자연의 향연을 즐기
해 이곳을 찾은 것이다.

하루하루 생각 없이 흘러가는 일상이 힘이 든다면, 가끔은
줄 알아야 한다. 더욱이 누군가와 부대끼는 삶이 버거워진다
래야 할지도 모른다. 왜냐하면 멈추었을 때 비로소 보이는 것

2부 나에게 쓰는 여행 편지

천상의 호수 '이식쿨'

　이식쿨 호수가 있는 키르기스스탄은 자연경관이 빼어나 '중앙아시아의 스위스'로 불리는 내륙국이다. 신비로운 대자연에 파묻혀 있는 이곳은 세계에서 가장 멀고 깊은 오지의 심국深國으로, 지구상에서 환경이 파괴되지 않고 남아있는 몇 나라 중 하나다.
　국토 대부분이 동서로 뻗어있는 텐산산맥 아래 있는 산악 국가다. 고봉의 만년설을 이고 있는 키르기스스탄은 타지키스탄과 더불어 건조한 중앙아시아에서 수자원이 가장 풍부한 나라이다. 시르다리야강도 이곳 텐산에서 발원해 페르가나 분지를 거쳐 아랄해로 흘러간다.
　키르기스스탄은 19세기 중반에 제정러시아에 정복되었고, 볼셰비키 혁명 후에는 소비에트 일부가 되어 오랫동안 지배받다가 1991년에 독립한 신생국가다. 한반도 면적보다 조금 작은 국토에

약 6백만 명이 살고 있어 인구밀도가 매우 낮은 편이다.

'하늘 위의 산'이라고 하는 텐산산맥에 성역처럼 자리 잡아 자연환경이 아름답고 쾌적하다. 국토 대부분이 평균 해발고도 2,000m 넘는 고지이기 때문에 산악지대는 차고 냉한 편이지만, 계곡지대는 따뜻하고 강우량도 비교적 많다.

이식쿨 호수는 과거 소비에트연방 치하에서 서방의 눈을 피해 극비리에 고성능 어뢰 성능시험을 하던 곳이다. 외국인 접근이 금지된 미지의 땅으로 기억되지만, 지금은 마음만 먹으면 언제나 갈 수 있을 만큼 하늘길이 열려 있다.

키르기스를 여행하기에는 소련 시절 건설한 도로 등 산업인프라가 공산주의 몰락과 함께 붕괴하여 좋지 않은 편이다. 하지만 여행길에 오르면 어디에서도 볼 수 없는 순수한 자연의 드라마틱한 풍광을 만날 수 있다. 그뿐만 아니라 아직도 실크로드의 유목문화가 남아있고 여행자를 귀빈처럼 반겨주어 기쁨은 두 배로 커진다. 수도 비슈케크에서 출발하여 출폰아타, 카라쿨, 바칸바예바, 코치콜, 송쿨, 발락치를 거쳐 비슈케크로 돌아가는 여정으로 이식쿨 호수 주변에 있는 신비롭고 경이로운 자연을 둘러본다.

천상의 호수 '이식쿨'은 텐산산맥에 자리한 여러 개의 산간 분지호수 중 규모가 가장 크다. 빙하와 눈 녹은 물이 모여 형성되었다. 동서 길이가 170km에 달하고, 폭이 넓은 곳은 60km로 크기가 제주도의 세 배 반이나 된다. 지구에 있는 산중 호수 중, 남미 티티카카 호수에 이어 세계에서 두 번째로 크다.

고고학적 조사 결과에 따르면, 호수의 나이는 6만 5천 년으로 인류가 이 지역에 거주한 것은 청동기시대 이후로 추정한다. 이식쿨은 가늘고 긴 눈 모양의 소금 호수로 농도는 바닷물 1/5 수준이고, 호수면은 해발 1,609m에 있다. 수심이 가장 깊은 곳은 700m에 달하고, 수온은 수심이 깊어 변화가 거의 없으며, 겨울철에 기온이 영하로 내려가도 얼지 않는다.

호수 남쪽은 '테르스케이 알라타우Terskey Alatau'로 불리는 산맥이 있고, 북쪽에는 '퀸케이 알라타우Künkey Alatau'가 있다. 이들 알라타우(산맥)는 호수 면에서 3,000~4,000m 높이로 솟아 있어, 북동쪽의 한기와 남서쪽의 열기를 막아주는 침강 분지에 자리함으로써 천혜의 자연환경을 갖고 있다.

한여름에도 만년설이 녹아 쉬지 않고 흘러들어 시원하다. 호수 지하에서 솟는 온천수로 한겨울에도 중앙부 온도가 영상을 유지함으로써 겨우내 얼지 않는 신비로움을 더해준다. 이런 기후조건 때문에 키르기스 사람들은 이곳을 최고의 휴양지로 사랑하고, 그들은 호수가 아니라 바다라고 한다. 이식쿨 호수는 원시적인 신비로움을 간직한 채 여행객에게 황홀경에 취할 만큼 아름다운 자연의 멋을 보여준다.

이 산중 호수에는 백수십 개의 크고 작은 강줄기의 물이 흘러들지만, 배출은 하지 않는 '말단 호수terminal lake'다. 즉, 호수로 유입되는 물길은 있어도 나가는 물길이 없다는 의미다. 그럼 그 많은 물이 어디로 흘러갈까. 그곳 사람들은 호수 밑 깊은 곳에 있는 강을 통하여 어디론가 흘려보낸다고 믿는다. 그러나 이식쿨 호수는 과거 '추강(Chu river)'에 의해 붐 협곡을 통하여 외부로 배수되다가 빙하시대 지각변동으로 물은 외부로 배출되지 못하는 미스터리를 가지고 있다.

호수와 주변에는 수많은 동식물이 서식하고 있다. 특히 이곳에 사는 물새들과 자연환경을 보호하기 위하여 키르기스 정부는 1948년에 첫 자연보호지역으로 지정하였다. 1975년에는 람사르 습지로 인정받았으며, 2000년에 유네스코로부터 이식쿨 생물권 보전 지역으로 보호받고 있다.

집 떠난 지 석 달이 지나 심신이 피곤하지만, 또 다른 대자연 이식쿨을 찾아 나선 길이라 발걸음도 가볍다. 하늘에 닿을 듯한 호수, 세계의 지붕 위에 떠 있는 바다, 뜨거운 호수, 설산에서 흐르는 차가운 물이 쉬지 않고 흐르는 호수 등 수많은 수식어로 예찬하는 곳으로 가고 있기 때문이다.

비슈케크를 떠나 촐폰아타로 가는 길 내내 동서로 병풍처럼 넓게 펼쳐진 톈산산맥 설산 봉우리들은 경쟁하듯 새하얀 얼음성의 뾰족 지붕을 자랑한다. 푸른 초원에는 싱싱한 풀을 뜯으며 산을 오르는 수백 마리 양 떼의 천연스러운 모습이 싱그러운 자연과 어울려 경이롭다.

목동은 한가로이 말을 타고, 우두머리 양은 풀밭을 향하여 길잡이를 하며, 지킴이 개가 이리저리 뛰어다니며 양 떼를 몬다. 멀리 띄엄띠엄 초원에 엎드린 천막집 '유르트'의 목가적인 풍경이 눈에 들어온다. 아낙과 천진스러운 어린아이가 뛰노는 모습은 한 폭의 시네마처럼 스쳐 지나간다.

촐폰아타는 이식쿨 호수 근처에서 비교적 규모가 큰 도시지만, 거주인구는 만 명 정도에 불과하다. 도시라기보다는 작은 마을 같은 촐폰Cholpon(금성) 아타Ata(아버지)는 '금성의 아버지'란 의미다.

이곳에는 돌정원(암각화 공원)이라고 불리는 야외 박물관이 있다. 42헥타르에 이르는 돌산에는 선사시대에 그린 암각화와 돌무덤, 돌로 만들어진 건물 벽 잔해가 즐비하다. 암각화는 기원전 2,000년부터 6세기에 만들어진 것으로 추정한다. 작게는 30cm의 돌부터 크게는 3m가량의 큰 바위에 그림을 그렸다. 그림은 옛 중앙아시아를 호령한 고대국가 사카 스키타이의 영향이 남아있다. 사냥하며 살았던 그들이 동물과 사냥꾼을 숭배하며 그린 그림의 대부분은 서남쪽과 동남쪽을 바라보고 있다. 태양숭배의 의미가 투영되어 있다고 고고학자들은 추정한다.

호수 동쪽 끝에 있는 카라콜은 오두막과 포플러 가로수가 아름답다. 기름진 초지와 전원마을은 도보 여행자나 산악인들에게 매력적인 도시다. 아침 일찍 이곳에서 멀지 않은 곳에 있는 악수Aksu로 사륜구동차를 타고 이동하여 알틴 아라산Altyn Arashan으로 간다. 해발 1,800m 지점을 출발하여 맑은 공기에 가슴을 내어주고, 산길 따라 잠시 오른 후 짧은 트레킹을 마친다.

키르기스어로 '일곱 마리의 황소'를 뜻하는 제티오구스Jeti-Oghuz

계곡으로 간다. 일곱 마리 황소를 닮은 커다란 붉은 바위 절벽 때문에 붙여진 이름이다. 계곡 길을 따라 깊은 산속으로 들어간다. 가축 때문에 풀밭을 찾아 산속으로 들어온 유목민의 임시 거처가 여기저기에 보인다. 더 깊은 곳으로 들어가자 차가 더는 올라갈 수 없는 곳에 마지막 마을이 나온다. 주변을 둘러보니 신들의 정원처럼 순수하고 때 묻지 않은 삶의 모습이다. 문명의 잣대로 살피면 불편할 수도 있으나 그들에게서 그런 점은 찾을 수 없다. 잠시 현지인과 어울려 자연을 즐기며 그들의 삶을 엿본다. 자연과 속삭이듯 사는 현지인에게서 받은 소박하고 꾸밈없는 배려를 가슴 깊이 느끼며 발길을 돌린다.

바칸바에바로 가는 길에 스카즈카 협곡을 만난다. 이 협곡은 현지 말로 '동화 속의 협곡'이란 뜻이다. 오랜 세월 동안 침식과 풍화 작용으로 독특한 모양새의 붉은 바위산과 협곡이 형성되었고, 그 형상은 보는 이로 하여금 신비로움에 빠지게 한다. 토질은 모래와 진흙이 엉켜 굳은 것처럼 단단하면서도 미끄럽다.

이식쿨 호수에는 자연현상을 근거로 한 전설이 있다. 옛날에 '산타쉬'와 '율란'이란 이름을 가진 두 병사가 살았는데, 둘은 한 소녀를 사랑하였고, 그녀는 어느 한 명을 선택할 수가 없었다. 어느 날 두 병사는 소녀를 두고 싸웠고, 그 소식을 들은 소녀는 이식쿨 호수에 몸을 던져 목숨을 버렸다. 그 후 두 병사도 죽어 바람이 되었는데, 각각 동풍과 서풍이 되었다고 한다. 이곳에서는 그들의 이름을 따서 동풍을 '산타쉬'라 하고, 서풍을 '율란'이라고 부른다. 동풍이 불면 호수 날씨가 좋아지고, 설사 폭풍이 분다고 하여도 금방 지나간다고 한다. 특히 중국 쪽에서 불어오는 동풍이 가져다주는 건조한 공기는 놀라울 만큼 아름다운 달밤을 선사하는데, 그 이름을 따서 황홀한 '이식쿨의 달밤'이라는 어원이 생겼다.

바칸바에바 호숫가 모래사장에서 저물녘 검붉게 타오르다 사라지는 석양을 바라보며, 구름 뒤에 숨었다가 나타나는 달님과 술래잡기를 한다. 피곤함에 지칠 즈음 '산타쉬'의 밤바람을 맞으며 달빛 그림자에 등을 기대고 사유를 즐긴다. 때마침 달빛 타고 내려온 요정들이, 출렁이는 호수 위에서 조각배를 타고 춤춘다. 호수에 비친 달빛도 흥겨워 덩달아 춤춘다. 나그네는 블루투스 스피커에서 흐르는 루이암스트롱의 'What a wonderful world'를 들으며 이식쿨 호수의 달밤 소풍을 마친다.

자연을 찾아 떠나는 여행은 책을 통하여 읽을 수 없는 대자연을 읽는 독서다. 책상에 앉아 읽고 싶은 책을 읽는 독서가 있다면, 여행은 두 발로 걸어 대자연을 보고 느끼며 체험하는 독서다. 그 행로에 무한한 원색의 액자 속 주인공이 되기도 하고, 때로는 초라한 한 점이 되어 자신을 되돌아본다. 인간은 틈이 있는 삶을 살고 싶은 것이 본심이다. 그러나 일상에서 그런 삶을 살기란 쉽지 않다. 현대인은 정형화된 일상의 틀 속에서 관습적으로 살기는 쉽지만, 선뜻 그 틀에서 벗어나기는 쉽지 않다. 삶이 더 아름다워지는 방법이 무엇일까를 고민하면서도 다람쥐 쳇바퀴 돌아가는 하루를 산다.

나그네는 남아 있는 시간 동안 인간의 본심을 찾아가는 여행을 꿈꾸며 행장을 꾸려 또 다른 자연을 찾아 나선다. 그리고 여행길에서 눈길 닿는 모든 것과 인연을 맺고, 그 속에서 공감하고 느끼며, 시간이 지나면 깊은 인연으로 이어진 회상의 고리를 연결하여 되새김하는 환상의 꿈을 꾼다.

3부
COVID-19이야기

저문 時間 사이로
沈默의 江이 흐르고
차디찬 어둠 사이로
물음의 江이 흐른다

아침당이 江 저쪽에는
虛空을 휘젓는 손끝이 아른거리고
孤獨地獄의 靈魂은
외로움 달래며 기다리다 춤짓한다

마야의 迷惑에 불과한 인영은
뿌리없는 萍葉처럼 강물 따라 흐르고
歲月은 彼岸 此岸 떠나
攝心하여 實存을 찾으라 한다

갈길 찾지 못한 孤魂의 靈視은
아직도 須彌山을 헤매오
無心한 現實의 江은 虛氣진 靈視 실고
어디론가 흘러간다

壬寅年 歲月의 獨白 性空 하도봉

저자 베르나르 베르베르는
생명체인 지구를 지속해서 괴롭히고 파괴하면,
지구는 임차 중인 인간을
전염병과 자연재해를 이용하여
청소할 수 있다고 주장한다.
이처럼 앞으로도 생태환경의 파괴가 계속되면,
지구에는 또 다른 질병이
나타난다는 것이 전문가들의 공통된 지적이다.
- 〈코로나바이러스 팬데믹〉에서

춘래불사춘 春來不似春

　만물이 생동하는 계절이 왔으나 예기치 않은 COVID-19 급습으로 삭풍이 몰아치듯 시린 봄을 맞는다. 동구 밖에는 매화, 개나리, 벚꽃 등 봄의 전령사들이 활짝 꽃망울을 피웠으나 봄 마중 나갈 여유조차 자유롭지 못하니, 창살 없는 감옥에 갇혀 있는 느낌이다.

　인간은 태고부터 질병과 함께하며 그 굴레에서 벗어나려고 몸부림쳤다. 때로는 고통을 이기기 힘들 정도의 어려움도 있었으나 극복하였다. 그러나 인류가 경험한 흑사병, 천연두, 스페인독감은 가슴속 깊이 공포감을 심어 놓았다. 가장 큰 피해를 준 돌림병은 14세기 유럽을 휩쓴 흑사병으로 최근 많이 회자한다.

　알베르 카뮈의 〈페스트〉에서는 알제리 해변 도시 오랑에 이 병이 창궐하자 지금처럼 도시 전체가 폐쇄되었다. 그곳에 갇힌 지식인 타루와 그에게 협력하는 의사 리유를 중심으로 시민들이 합심하여 전염병과 싸운다. 카뮈는 그들이 병마를 극복하는 과정에서 정제미整齊美 넘치는 인간의 아름다운 연대성과 우애를 바탕으로 갈등을 해소하면서 페스트를 퇴치한다.

이 소설에 등장한 페스트는 중앙아시아 평원지대에서 시작하여 비단길을 따라 서역으로 전파되었다. 유럽 전역에서는 몇 년에 걸쳐 약 7,500만~2억 명의 목숨을 앗아간 잔혹한 질병으로 의학사에 기록되었다. 당시는 진단과 치료 능력이 없어 속수무책으로 당할 수밖에 없었지만, 21세기 첨단 과학으로 무장한 이 시점에 인류를 공포의 도가니로 몰아넣은 이 신종 병원체의 정체는 무엇인가.

현대문명에서 치명적인 감염을 일으키는 COVID-19는 코로나바이러스 군群에 속한다. 이 병원체 무리에는 2003년에 발병한 사스와 2015년에 창궐한 메르스가 속해 있다. 이 병원체의 정체는 베이징 대학교 연구팀이 'Journal of Medical Virology'에 발표한 논문에서 '뱀'에서 처음 옮겨졌다고 밝혔다. 그리고 처음 감염된 환자 대부분은 우한 '화난수산시장'에서 판매되고 있는 뱀과 박쥐 등의 야생동물에 노출되었다고 한다. 아울러 연구팀은 RNA 유전자 분석을 통하여 박쥐 코로나바이러스와 구명究明하지 못한 불명의 코로나바이러스 사이에서 재조합된 신종 바이러스라고 밝혔다.

먼저 동물에서 생긴 COVID-19는 인간에게 옮겨졌고, 이후 인간과 인간 사이에 전파되기 시작하여 전 세계로 퍼지고 있으며, 유행속도도 빠르고 사망률도 높다. 그러나 아직 이 바이러스에 유효한 항바이러스제와 예방백신을 개발하지 못한 것도 두려움을 키운다.

이 병원체는 주로 급성 호흡기 감염을 유발하고, 점막 감염과 비말 전파로 순식간에 폐를 공격하며, 기저질환이 있거나 고령이면 치명적인 결과를 초래한다. 이 바이러스는 개인차는 있지만 빠른 속도로 몸속에 퍼져 스스로 방어할 수 없게 만들고, 의료진은 유효한 치료 수단이 없어 어려움을 겪는다.

그뿐만 아니라 사스와 메르스에서 학습한 공포감이 뇌리에 남아 있고, COVID-19도 이미 중국을 넘어 지구촌 전체에 대유행을 일으킴으로써 공포에서 벗어나지 못한다. 가까운 시일에 그 굴레에서 벗어날 수 있기를 기대하지만, 아직 치료제와 백신을 개발하였다는 소식은 없다. 그날이 올 때까지는 예방수칙을 철저히 지키고 스스로 자신을 지키려는 노력이 최선의 예방책이다.

14세기 유럽은 페스트 창궐로 인구 절벽에 처하여 노동력이 부족하였고, 그 결과 삶이 피폐해짐으로써 오랫동안 경제적 어려움을 겪었다. 이번 COVID-19의 대유행으로 우리 경제도 심각한 침체의 늪에 빠졌고, 세계 경제도 요동치고 있다. 마치 14세기 당시 후유증이 재현될까 걱정이다.

각 분야 지도자들은 불필요한 논쟁을 중지하고 이 위기를 극복할 수 있는 솔로몬의 지혜를 찾는 것이 우선이다. 그리고 이 시점에서는 국회 의석 몇 자리가 절대 중요하지 않다. 그보다 먼저 훗날 역사의 심판을 두려워해야 한다.

앞으로 COVID-19가 어떻게 종결될지 예단하기 어렵지만, 지금은 누구를 탓하기보다 먼저 이 공포에서 벗어날 수 있는 혜안을 찾

공포에 빠뜨리지 못했다. 이번 사태는 예전과 달리 공포를 느끼기에 충분할 뿐만 아니라 언제 어떻게 종식될지 예측하기 어렵다. 모두가 힘든 상황에서 하루빨리 고통에서 벗어나기 위해서는 예방과 치료, 생명 유지와 건강 피해를 최소화하는 데 초점을 맞춰야 한다. 한편, 근본적으로는 그동안 훼손한 환경생태계 회복과 보전에도 관심을 가져야 한다.

세계를 요동치게 한 COVID-19의 패러독스로 예상 밖의 일들이 지구촌 곳곳에서 소리 없이 일어난다. 브라질 해변에 멸종 위기의 바다거북이 부화하고, 하늘에 뚫렸던 오존층이 회복하기 시작하였으며, 지구의 공장이 멈추면서 모처럼 푸른 하늘을 볼 수 있는 날도 많아졌다.

베르나르 베르베르는《제3 인류》에서 지구를 괴롭히면 전염병과 자연재해(지진과 해일, 화산활동 등) 같은 자정 능력으로 스스로 정화한다고 하였다. 이번 사태를 거울삼아 늦기 전에 자연과 조화롭게 공생하는 지혜가 필요하다. 그리고 후손에게 물려줘야 할 지구를 편리함과 풍족함의 잣대로만 보지 말자.

COVID-19에서 비교적 자유로웠던 오지 사람들을 보자. 디지털 시대 눈으로 보면 생활이 불편하고 풍요롭지 않을 것 같지만, 그들은 오히려 '왜 많은 것을 가지고 버거워하는지' 되물을 것이다. 하루빨리 상황이 종료되어 언제 어디든지 마음껏 다닐 수 있는 일상으로 돌아가자.

'새로운 정상'의 도래

　COVID-19는 지구촌 인간에게 고통을 주고 지금까지 살아온 삶의 행태를 바꾸도록 변화를 유인한다. 이번 사태 이후를 '뉴노멀 new normal'이라는 신조어로 표현하며 코로나 이후 시대를 예견한다. 이 용어는 2008년 세계금융위기 때 이미 사용되었으나 이번에는 '뉴노멀 2.0'이라며 버전을 넣기도 한다.

　뉴노멀은 충격 이전까지 '비정상'이라고 여겼던 것들이 '새로운 정상'으로 변한 것을 말한다. 작게는 생활방식과 사회질서가 바뀌고, 크게는 자국의 안전을 우선함으로써 국제질서의 변화가 뒤따른다. 이처럼 뉴노멀은 생각과 행태의 변화가 빠르다.

　이미 인간관계에서는 크고 작은 변화가 확산하여 생활 한가운데 자리매김하고 있다. 실례로 COVID-19 발병 이전에는 오프라인 만남이 주를 이루었으나 범유행pandemic 이후에는 화상 통화나 SNS

등 온라인 만남으로 변하였고, 밖에서 즐기기보다 안전을 우선하며 집에서 놀고 즐기는 '홈 루덴스 문화'가 자리 잡아간다.

나라 사이도 국경이 폐쇄되거나 입출국이 까다로워졌다. 그동안 제한 없이 허용되었던 해외여행이 어려워짐으로써 하늘길이 좁아졌고, 개방된다고 하여도 코로나 이전과 달리 뉴노멀에 맞게 여행 패턴이 바뀔 것이다.

COVID-19 사태로 도래한 변화는 새로운 질서를 만들어 가지만, 역설적으로는 건강을 지키기 위한 자연환경의 중요성을 깨우치는 계기가 되었다. 지구촌 모든 나라가 확산을 막고자 사람과 물자의 이동을 제한하고 격리함으로써, 활동과 소비가 줄어 지구 환경은 오히려 개선되는 모습을 보인다. 그 결과 미세먼지가 줄어 공기와 수질이 좋아지고 야생동물의 활동이 활발해지자 'COVID-19의 역설'이라는 표현이 등장하였다.

해변에서 모래성을 쌓은 추억은 누구나 있다. 파도가 밀려와 모래성이 흔적 없이 사라지자 아이는 손뼉 치며 환호하고, 연인들은 그 여백에 하트를 그리며 사랑의 성을 쌓는다. 세찬 비바람이 몰아치고 떠난 자리에는 상처도 남지만, 당당하게 맞서고 나면 새록새록 새싹이 돋듯이 새로운 변화가 일어난다. 이제 코로나 이후를 맞이하기 위하여 그 변화를 피하기보다 극복하고, 의미 있는 삶의 행태를 찾아보자.

'COVID-19' 게 섰거라

COVID-19 팬데믹으로 우리는 받아들일 수 없는 변화의 틀에 갇혀 무기력한 삶의 연속이다. 오늘도 신규 감염자와 사망자 수를 보도하는 뉴스로 하루가 시작된다. 유행병이 창궐한 지 열 달이 지났어도 아직 어두운 터널에 갇혀 언제 벗어날 수 있을지 모른다. 마치 초겨울 무채색 나목 군락 속 산길에서 자욱한 안개 때문에 길을 잃고 헤매는 심정이다.

올해 초 지구촌을 강타한 COVID-19는 높은 전파력, 병독성, 사망력까지 세 박자를 갖춘 인류 최악의 전염병이다. 지금까지 약 140만 명이 목숨을 잃었고, 미국과 유럽에서 재확산하고 있다. 우리나라도 감염자가 소규모 집단 감염 형태로 연일 소리 없이 증가한다.

며칠 전 미국과 독일에서 95% 항체 형성률을 가진 백신을 개발하였다는 소식이 있어 다행이지만, 검증과 양산을 거쳐 접종받으려면 내년 중반이 되어야 할 것 같다. 올겨울은 추위보다 COVID-19에서 벗어나기 위한 개인 예방수칙을 지키는 노력이 더 중요하다.

최근 국내 상황은 설사 감염되더라도 무증상일 가능성이 큰 젊은이들 확진자가 증가한다. 이들 처지에선 COVID-19 사태의 장기화가 안겨준 피로감과 스트레스가 만만치 않고, 사회활동이 많은 세대라 타인에게 전파할 우려도 크다.

숨은 감염자 증가로 수도권과 대도시에 소규모 집단감염이 이어지고, 계절 요인까지 더해져 상황이 위중하다. 겨울철은 환기가 어렵고, 실내 활동이 많아 COVID-19를 차단하는 데 동참하지 않으면 그 누구도 막아줄 수 없다.

우리나라는 OECD 회원국 중 인구 100명당 확진자 비율이 가장 낮은 나라에 속하지만, 최근 확진자 수 증가 추세는 우려하지 않을 수 없다. 지금은 냉정한 판단에 따라 방역 당국의 예방수칙을 따르는 것이 무엇보다 중요하다.

고대 로마시인 베르길리우스 버질은 "사람이 무엇을 할 수 있는 것은 그가 할 수 있다고 생각하기 때문이다"라고 하였다. 예방수칙을 지키면 퇴치할 수 있고, 전문가 집단이 COVID-19의 심각성을 인식하고 있으므로 가까운 시일 안에 백신에 이어 치료제 개발도 할 수 있을 것으로 생각한다.

그래도 희망은 있다

지금까지 이렇게 빠른 속도로 일상이 급변한 사태를 겪어본 적이 없다. COVID-19 대유행은 사람들을 옴짝달싹 못 하게 행동반경을 제약하고 국제 질서도 송두리째 바꾸었다. 외국으로 나가려면 음성 확인서나 백신 접종 여부를 증명해야 할 것 같다. 미국은 이미 시행하고 다른 나라도 상응하는 방안을 취하려 한다.

코로나바이러스가 창궐한 지 1년이 지났다. 우리 곁을 스쳐 가는 계절병이 아니라 살면서 관리해야 할 전염병이 된 것 같다. 바이러스와 싸움에서 이기기 위해 감염에 노출될 기회를 줄이는 것도 중요하지만, 면역력을 높일 수 있는 백신접종이 우선이다.

지난해 12월부터 화이자를 비롯한 글로벌 제약사 몇 곳에서 백신을 개발하였고, 미국을 필두로 여러 나라에서 접종을 시작하였다. 백신 공급에 속도가 붙는다면 집단 면역력도 빠르게 높아지겠지만, 접종만으로 확산을 억제하진 못한다.

　백신 개발로 안도한 순간도 잠시 영국에서 발생한 '변이 바이러스라'는 복병을 만났다. 영국, 남아공, 브라질, 미국에서는 기존 병원체보다 감염력과 치명성이 높은 변이 바이러스가 확산하고, 이미 75개 나라에 전파되었다. 우리나라에서도 며칠 전 영국에서 입국한 감염자로부터 지역사회에 옮긴 첫 사례가 확인되었다.

　당국도 이 점을 중요시하고, 전파 차단을 위한 방역을 강화하고 있어 다행이지만, 만에 하나 변이 바이러스 전파를 초기에 차단하지 못한다면 큰일이다. 무엇보다 이들 지역에서 입국한 사람과 접촉을 피하여 대유행 사태가 재발하지 않도록 방역 수칙을 지켜야 한다.

　우리나라는 다른 나라보다 백신 확보가 다소 늦어 집단 면역 형성이 조금 늦겠지만, 일선 현장에는 우수한 보건 의료인들의 희생과 잘 조직화한 방역 시스템이 작동하고 있어 천만다행이다.

　'한 가지 일을 경험하지 않으면 한 가지 지혜가 자라지 않는다'고 하였다. 이번 COVID-19 대유행으로 많은 것을 경험하고, 그 과정에서 새로운 삶의 지혜를 얻는다. 오늘도 새로운 환자가 몇 명이 발생하였고 전파경로를 추적한 역학조사 결과를 알려주는 무거운 뉴스로 하루를 시작하지만, '그래도 희망이 있다'는 것을 떠올리며 스스로 위로한다.

코로나 팬데믹과 산촌 생활

 어젯밤부터 내린 비는 대미산 여우목 산촌의 대지를 촉촉이 적신다. 아침 일찍 숲에서 들려오는 산새들의 새벽 합창을 듣고 자리에서 일어난다. 숲에서는 솜사탕 같은 새하얀 깃털 기운이 하늘로 피어올라 한 폭의 산수화를 그린다.

 어느덧 계절은 초여름에 접어든 듯하나, 악명 높은 COVID-19의 괴롭힘으로 오늘도 거리두기 지침에 따라 자유롭지 못한 일상이 시작된다. 해가 바뀌어도 불청객을 쫓아낼 방도를 찾지 못하고 있다. 이제 이 녀석이 제집처럼 똬리 틀고 앉아 계속 괴롭힐까 걱정이다. 미국처럼 백신을 많이 확보한 나라는 확산세가 주춤하지만, 백신 확보까지 늦은 우리나라는 신규 환자도 줄지 않고 있다. 설상가상으로 영국, 남아프리카공화국, 브라질, 인도 등에서 발생한 변이 바이러스 소식도 들려오고 있어 왠지 불안하다. 하루빨리 백신 접종률을 높여 사회적으로 면역력이 높아지기만 바랄 뿐이다.

기저질환이 있어 도시 아파트를 떠나 산촌에 머문 지 여러 달이 지났다. 지인들은 백두대간 중심에 있는 이곳을 코로나 청정지역이라고 치켜세우지만, 산꾼과 가끔 찾아오는 외지인으로 불안한 건 마찬가지다.

COVID-19 팬데믹으로 그동안 일상의 흐름이 흐트러졌고, 뉴노멀이라는 이름의 새로운 삶의 형태가 만들어지고 있으나, 가족과 가까운 친구를 만나지 못한 지 오래되고 보니 예전의 일상이 때때로 더욱 그립다. 오늘도 코로나 통합 뉴스에서 보도하는 신규 환자 발생 수를 보며 건강한 하루를 다짐하지만, 빨리 이 괴질의 공포에서 벗어나 새처럼 맑고 높은 하늘을 자유롭게 훨훨 날고 싶다.

그동안 미친 듯 달리는 기차를 탄 기분으로 도시에 살았지만, 이 녀석 때문에 잠시나마 산촌에 들어와 자연이 주는 맑은 공기와 피톤치드를 마시고, 속삭이는 자연의 소리에 귀를 기울인다. 전원에는 복사꽃과 배꽃뿐만 아니라 지천으로 널린 야생화에 눈길을 돌릴 수 있는 시간과 여유로움도 생겼다.

어차피 '삶은 불가능을 가능케 하는 도전의 과정'이고 '인간은 폐허 속의 신'이라는 말처럼, 지금은 COVID-19로 지구촌 전체가 몸살을 앓고 있다. 하지만 이 녀석을 꺾고, 머잖아 예전의 일상으로 되돌아갈 날이 반드시 올 것을 학수고대한다. 오늘도 자연과 함께 하는 일상을 시작한다.

코로나와 함께하는 일상

　백신 접종률이 70% 이상 된다면 과연 COVID-19로부터 일상이 자유로울 수 있을까. 예외적인 돌발변수가 있어 반드시 그렇지는 않을 것이다. 하지만 그렇다고 손놓고 있을 수는 없지 않은가. 이제 긴 암흑의 터널에서 빠져나와 COVID-19와 함께하는 일상을 준비할 때가 온 것 같다.

　영국은 성인 87%가 1차 접종하였고, 65%가 2차 접종을 완료한 상태에서도 지난 7월 10일 확진자 32,367명의 신규 확진자가 발생하였으나, 사망자는 불과 34명이었다는 언론 보도가 있었다. 예전과 달리 백신 접종 이후 사망자 추이에서 접종 전보다 현저하게 낮아졌다. 그 결과는 백신 접종 효과로 유추할 수 있다. 이런 결과는 백신 접종률이 높은 이스라엘과 싱가포르에서도 있었고, 의학자도 백신 접종이 사망률을 현저히 낮출 수 있다며 접종을 권고한다.

무엇보다 백신 접종으로 집단 면역력을 높이고, COVID-19와 공존하는 삶을 위한 로드맵을 미리 준비해야 할 때가 된 것 같다. 하루빨리 일상으로 돌아가 사회 안정과 경제 활성화에 돌진해야 할 시기다. 물론 이런 조치는 세계보건기구(WHO)와 전문가 집단에서 우려할 수도 있다. 하지만 지금까지 얻은 의학적 결과와 처하고 있는 사회경제적 여건을 자세히 분석하여 확산이 두려워 움츠리는 것보다 앞으로 나아갈 방향을 찾아야 할 때다.

바이러스도 생명체이기에 계속 변이한다. COVID-19를 지구에서 아주 박멸하지 못하면, 우리 주변에 머물 수밖에 없다. 마치 매년 겨울에 찾아오는 불청객 독감처럼 말이다. 싱가포르 당국은 7월부터 확진자 수를 발표하지 않고 있다. 그렇다고 COVID-19 관리를 포기한 것이 아니다. 전 국민에게 백신 접종을 완료하여 안심시키는 자신감의 표현일 수도 있고, 다른 한편으로는 앞서가는 포석이 아닐까.

접종률이 그다지 높지 않은 현실에서 COVID-19로 인한 사회경제적 환경 변화에 대응하려면, 먼저 백신접종을 앞당겨 집단 면역력을 높여야 한다. 예방 수칙도 강제가 아니라 스스로 지킴으로써 타인을 배려하는 이타적 예방 활동을 권고해야 한다. 그리고 사망률을 낮출 수 있는 유효한 치료제 개발도 서둘러 귀중한 생명을 지켜야 한다.

코로나바이러스 팬데믹

급작스럽게 지구촌을 강타한 코로나바이러스(COVID-19) 때문에 우리는 몇 달째 긴 암흑의 터널에 갇혀 있다. 지난 연말 아내와 미국을 거쳐 멕시코와 쿠바 배낭여행을 떠났다가 돌아오는 길에 이 바이러스가 창궐하여 오가도 못하고 미국에서 발이 묶였다.

바이러스 확산으로 주 3회 인천과 시애틀에 오가는 항공편이 중단되었다. 뉴욕이나 LA를 거쳐 돌아가는 방법도 있지만, 두 곳 상황이 미국에서도 최악이라 선뜻 마음이 내키지 않았다. 그뿐만 아니라 우리나라 국내도 발생 초기 고위험 지역에서 입국하는 사람들을 적극적으로 차단하지 않아 상황이 좋지 않았고, 특히 대구경북 지역은 신천지교회 사태로 감염자 수가 날로 확산하여 안전하지 않은 것으로 판단하였다.

당뇨, 고혈압, 알레르기 천식을 앓고 있어 COVID-19에 걸리는 것 자체가 사망에 이를 수도 있어서 가족들이 귀국을 만류하였다. 마침 오리건주 시골에 처남이 살고 있어 공기 좋은 곳에 잠시 머물다 어느 정도 국내 상황이 좋아지면 돌아가기로 한 것이 어느덧 3달이 지났다. 그동안 하늘길이 막혔던 대한항공이 마침 6월 들어 시애틀 노선에 재취항하게 되자 서둘러 귀국하였다.

13시간의 긴 비행 끝에 인천공항에 도착하자 해외입국자 자가격리 지침에 따라 호된 검역 절차를 거쳤고, 집으로 돌아와서도 외출은커녕 가족도 만나지 못하고 2주 동안 창살 없는 감옥생활을 해야 한다는 추상같은 자가격리명령서를 받았다.

수원으로 가기 위하여 소독된 리무진버스를 타기까지 2시간 이상 기다렸다. 대중교통을 타는 곳에서도 각 지자체에서 공무원이 배치되어 해외입국자를 통제하느라 고생하고 있었다. 갑자기 터진 비상상황이라 많은 여행객이 대기할 수 있는 공간이 부족하여 불편하였다. 그보다 중국인들이 왜 그리 우리나라를 많이 찾는지 은근히 화가 났다.

준비된 자리는 그들이 모두 차지하였고, 예의 없이 큰 소리로 떠드는 상황이 연출되자 천식환자인 나로서는 어쩔 수 없이 그들과 물리적으로 거리를 두고자 사람이 뜸한 복도 한구석에서 기다렸다. 잠시 후 그곳을 관리하는 공무원이 다가와 "어르신, 자리가 없어 이곳에 계시는군요, 죄송합니다만, 이곳을 벗어나면 안 되니 꼭 지켜주세요"라고 하며 주의를 환기한다. 객에게 자리를 빼앗기고 주인이 푸대접을 받는 것 같아 귀국 첫인상이 좋지 않았다.

이번에 대유행한 COVID-19는 코로나바이러스 군群에 속하는 RNA 바이러스로 호흡기계(폐)에 주로 점막전염粘膜感染이나 비말전파飛沫傳播로 쉽게 감염되고, 전파력과 병독성이 강하여 치명율도 높은 잔인한 병원체에 속한다.

　전파 초기 한때 '우한 폐렴'으로 불렸던 이 신종 바이러스는 동물과 인간 모두 공격할 수 있고, 아직 면역조차 갖지 못한 상태에 있다. 감염된다면 뾰쪽하게 유효한 치료 수단이 없다. 합병증을 방지하고, 증상을 호전시키는 것 외에 딱히 손쓸 방도가 없다. 몸이 알아서 항체를 만들 때까지 시간을 끌고, 바이러스 때문에 호흡곤란이 생기면 산소마스크를 사용할 수는 있지만, 바이러스 자체를 없애는 항바이러스 치료제는 전혀 없는 상태다.

　이 바이러스는 기저질환이 있는 고령자에게 치명적인 피해를 준다. 면역력이 약한 사람의 생명은 풍전등화에 처할 수도 있다. 더 암울한 것은 아직 이 바이러스에 유효한 항바이러스 약제를 개발하지 못하였고, 올겨울 2차 확산에 대비한 백신 개발 소식도 들려오지 않아 더더욱 공포에 빠진다. 중국과 러시아가 개발하였다는 소식이 있으나 외신에 의하면 임상3상시험을 거치지 않아 의학적으로 유효한 백신인지 신뢰도를 인정하기에는 의문이 간다.

　입국 3일 만에 설상가상으로 함께 타고 온 항공편 좌석 주변에서 양성자가 검출되어 '일반자가격리대상'에서 '접촉자자가격리대상'으로 한 단계 격상되었다. 귀국 다음 날 보건소에서 실시한 검사에서 음성 판정받아 한시름 마음고생을 덜었다. 하지만 보건소에서는 매일 상태를 점검하는 전화가 걸려 와 불편한 마음을 피할 길이 없었다.

노인이고 기저질환까지 가지고 있는 터라 담당 공무원은 매일 세심하게 몸 상태를 점검하는 관심을 주어 고마웠다. 다른 한 편으로는 함께 타고 온 양성자 때문에 혹시나 하는 우려로 마음은 그리 편하지 않았다.

역설적으로는 이번 COVID-19 팬데믹 사태로 화석연료 사용이 줄어 이산화질소 수치가 크게 떨어져 잠깐이지만 대기의 질이 좋아졌다. 사람들의 활동이 줄어들자 야생동물이 도심을 활보하는 이변이 세계 곳곳에서 일어났다. 생태 사상가 반다나 사바는 이런 전염병의 창궐은 인간이 생태환경을 고려하지 않고 무단으로 삼림에 침입하여 파괴함으로써 그곳에 서식하는 생물 종들의 온전성이 훼손되었고, 그 결과 새로운 질병이 생겨 확산한다고 주장한다.

소설 〈개미〉의 저자 베르나르 베르베르는 생명체인 지구를 지속해서 괴롭히고 파괴하면, 지구는 임차 중인 인간을 전염병과 자연재해를 이용하여 청소할 수 있다고 주장한다. 이처럼 앞으로도 생태환경의 파괴가 계속되면, 지구에는 또 다른 질병이 나타난다는 것이 전문가들의 공통된 지적이다.

아직도 우리는 COVID-19가 언제 끝날지 모르는 긴 터널에 갇혀 사투를 벌이고 있다. 비록 지금은 한 치 앞도 볼 수 없고 희뿌연 골계미가 앞을 가리고 있지만, 언젠가는 분명 끝이 있어 터널 밖으로 나갈 것이다.

희망을 잃지 말자. 영국 시인 토머스 캠벨은 "내 마음속 은은히 빛나는 모든 기쁨을 멈추라. 오! 그렇다 해도 희망의 불빛은 밝혀 두라"고 하였다. 아무리 어둡고 힘든 상황에 부닥쳤다 할지라도 희망의 끈을 놓지 말자. 분명 COVID-19의 팬데믹 상황은 종식될 것이다. 그 이유는 지금까지 인류를 괴롭힌 무서운 유행병을 모두 물리친 경험이 있기 때문이다. 희망을 잃지 말고 의지의 촉을 무디게 하면 안 된다.

COVID-19의 고통을 위로하며

.

　인간은 급변사태나 외부 충격이 있을 때 그 상황에 적응하는 능력이 있다. 그것이 유인된 것이든 아니든 일련의 과정을 거치며 스스로 새로운 가치나 역사를 만든다. 코로나바이러스 팬데믹이 성공적으로 퇴치되면, 또 다른 삶의 문화와 질서가 만들어질 것이다. 이번 사태를 성공적으로 마무리한다고 하여도 삶의 형태가 더는 예전으로 되돌아갈 것 같지 않다는 느낌이 든다. 사고의 외연을 넓혀 볼 때, 이미 지금 이 시각 새로운 패러다임이 형성되는 뉴노멀new normal의 삶을 학습하고 있는지 모른다.

　작년 가을 중국 우한지방에서 시작된 이 역병은 몇 개월 만에 전 세계적으로 대유행을 일으켜 인류의 건강을 위협하고 있고 재확산 우려도 크다. 120나노미터 바이러스에 불과한 미생물체가 감히 1조 달러에 달하는 금융시장을 한순간 패닉상태에 빠뜨렸다. 각 나라는 자국민의 안전을 위하여 국경을 폐쇄함으로써 65억 지구촌 식구들을 창살 없는 가두리에 가둬놓았다.

일상생활에서도 접촉 감염을 최소화하기 위한 불필요한 외출 자제와 사회적 거리두기로 사람과 사람 간의 만남이 멀어짐으로써 정감이 사라지는 등 삶의 형태를 송두리째 바꿔 놓았다. 국민의 생명과 재산에 막대한 피해를 준 코로나바이러스 사태는 왜 이렇게 빠르게 확산하였는지 초기 대응에 문제가 없었는지 되돌아보고 싶다. 대구지역의 확산으로 어릴 적 추억과 함께 동무들과 뛰어놀던 고향 사람이 창궐 초기에 받았던 고통을 생각할 때 더더욱 그렇다.

이번 '우한 코로나바이러스'의 확산과 대처 과정을 살펴보면, 미국을 포함한 EU 국가 지도자와 전문가 집단이 지적하듯이, 발원국가의 폐쇄성 때문에 다른 나라에서 대비할 시간을 그들은 한 치의 부끄러움도 없이 송두리째 앗아갔다. 만약 그들의 주장처럼 이 바이러스의 첫 출현지가 자기 나라가 아니라고 주장할지라도 대유행을 시작한 곳이 '우환'이라는 것을 부정할 수 없다. 이미 자기 나라 전문가도 발병 초기 우환시장에서 시작하였다는 것을 밝혔고, 각 나라 보건 당국도 여러 정황 정보를 가지고 있다. 이런 점을 고려할 때 그들은 초기 발병 정보와 상황을 숨길 것이 아니라 전 세계에 신속하게 알려야 하는 국제 보건의 기본원칙마저 저버렸다.

중국과 인접한 지정학적 위치 때문인지 우리나라도 초기 대응에서 '국익'이라는 명분을 앞 새워 정치적으로 판단함으로써 방역의 기본원칙이 무시되었다. 가장 중요한 대응 수단인 초기 병원체의 유입을 차단하고, 전파 확산을 막는 과정에서도 보건·의학적인 원칙(전염병 역학의 원칙)까지 훼손함으로써 국민의 건강상실과 희생을 키웠다. 이 분야 최고의 전문가 단체인 대한의학협회는 병원체 유입 차단을 위하여 발원지인 '중국인 입국 금지'를 초기 단계에 몇 차례 정부에 건의하였으나 무시되었고, 언론도 본연의 역할을 다 하였다고 보기에는 아쉬운 여운이 남는다.

국가를 통치하는 위정자들은 국민의 생명보다 정치적 판단을 우선하였다. 국민의 건강을 최우선으로 지켜야 할 보건복지부마저 상황에 따라 좌고우면하는 모습을 볼 때, 그들의 초기 대응이 과연 적절하였는지 묻고 싶다. 이번 사태가 끝난 후 정치 집단에 의한 자화자찬식 자의적 분석이 아니라, 반드시 외부 전문가 집단에 의한 정확하고 객관적인 평가가 이루어져야 한다.

며칠 전 예전에 읽었던 카뮈의 소설 〈페스트〉를 다시 읽었다. 코로나바이러스 사태로 자가 격리 중에 독서를 좋아하는 사람들이 다시 읽게 되는 고전이 아닐까 생각한다. 소설에서는 전염병이 코로나바이러스가 아니라 페스트일 뿐 그려진 현장 상황은 지금 눈앞에 펼쳐진 것과 별반 차이가 없다. 소설에서 카뮈는 초기에 우왕좌왕하는 정부의 무능과 오랑시 당국의 초기 대처를 비판하면서 스스로 극복하는 과정을 담고 있다. 사명감이 투철한 의사 리유와 기자 랑베르, 구원의 손길을 뻗쳐주지 않는 하느님에게 절망하면서 기도하는 파늘루 신부 등을 지식인 타루가 중심이 되어 시민 조직을 구성하여 페스트에 대응하는 이야기다.

학창 시절 공부한 전공 서적《전염병 관리》를 살펴본다. 이 분야 권위자인 권이혁 선생이 1960년대에 쓴 것으로, 3·1운동이 한창이던 1919년 우리나라에서 유행한 스페인 독감을 서술하고 있다. 지금 기준으로 보면 고전적인 예방관리라 치부할 수도 있겠지만, 책에는 지금도 변치 않는 원칙을 제시하고 있다. 즉 전염병의 유입과 확산을 방지하기 위한 전파 초기 단계에서는 '병원체 유입 차단'과 '개인위생'의 중요성을 가장 먼저 강조하고 있다. 이런 내용은 선생의 다른 책《공중보건학》에서도 그대로 다루고 있다.

50여 년 전, 저자가 제시한 전염병 방역과 관리방법은 21세기 디지털 시대에도 불변의 원칙임이다. 이런 것을 제대로 알고 있었는지 아니면 몰랐는지 위정자들에게 반문하고 싶다. 그리고 국민의 생명과 건강을 지킴에 있어 보건·의학적 가치보다 왜 정치적 가치가 우선하여야 하는지, 그들은 추구하는 이념을 떠나 밝혀야 한다.

확산의 절정기는 넘어섰지만, 그렇다고 안심할 단계는 결코 아니다. 자신의 감염 사실을 알지 못하는 사람들이 다른 장소에서 부지불식간에 바이러스를 전파하는 집단 감염이 우려되는 상황이 계속되고 있다. 최근 들어 전파경로를 확인하기 어려운 N차 감염(무한 감염)도 현실화하고 있다. 치료에 유효한 약제와 백신 개발이 될 때까지 긴장의 고삐를 늦추어서는 안 된다. 다 함께 웃을 수 있는 그날까지 개인 위생관리와 상대를 배려하는 마스크 착용, 그리고 사회적 거리두기를 실천하여 하루빨리 암흑의 터널에서 벗어날 그날을 기다리자.

역사 속 역병과 코로나 이야기

보건·의학사에는 인간이 살면서 겪었던 잔혹한 질병 기록이 남아있다. 그중에서 가장 큰 피해를 준 역병疫病은 중세 흑사병Black Death이다. 이 전염병은 크게 세 번의 창궐猖獗이 있었다. 1차 대역병은 541년경 이집트 무역항 펠루시움이라는 도시에서 시작하여 200여 년 동안 유행하였다. 로마는 유럽의 어느 나라보다 지중해를 따라 도시화하였기에 이 역병으로 괴멸적인 타격을 입었다. 당시 질병을 역학적으로 구명究明하지 못할 시대였기에 동로마제국 황제의 이름을 따 '유스티아누스 역병'이라고 하였다.

그 후 1346년에 중앙아시아 키르기스스탄 유목지에서 발생한 페스트가 동유럽으로 유입되어 1350년대에는 전 유럽을 공포의 도가니로 몰아넣은 2차 대역병Great Plague 시대이다. 14세기 세계 인구는 4억 5천만 명 정도였으나 이 전염병의 폭풍이 지나간 15세기에는 3억 5천만으로 줄어 약 1억 명이 피해를 보았다. 당시는 대 무역 시대라 1차 대역병 때보다 전파속도도 빨랐고 범위도 넓었으며 인명피해도 컸다.

3차 대역병은 19세기 중국과 인도를 기점으로 발병하여 약 반세기 동안 아시아 지역에서 대대적으로 유행한 '아시아 역병'으로 약 1,200만 명이 희생되었다. 특히 인도와 홍콩 식민지를 가지고 있었던 영국이 페스트로 피해가 컸고, 만주와 대만을 점령하고 있었던 일본도 피해를 보았다. 이 시기에 우리나라도 지리적으로 가까워 피해 가기 어려웠을 것으로 보이나 기록이 남아있지 않다.

1877년 로버트 코흐가 탄저와 콜레라, 결핵의 원인이 세균이라는 것으로 밝혀지기 전까지는 무엇 때문에 발병하는지 알 길이 없어 그저 역병疫病이라고 부를 수밖에 없었다. 그뿐만 아니라 당시 위생 수준은 현대와 비교할 수 없을 정도로 열악하였기에 그 피해는 클 수밖에 없었고, 느꼈던 공포감은 말로 표현할 수 없을 정도였다. 이처럼 페스트는 인류 역사상 가장 큰 피해를 끼친 팬데믹 전염병으로 보건·의학사에 기록되어 있다.

흑사병은 페스트균Yersinia pestis에 감염되어 발병하고, 햇빛이나 소독제에 취약한 성질을 가지고 있다. 감염은 병원체를 보균하고 있는 벼룩에 물리면서 전파되기 때문에 쥐벼룩에 물리지 않도록 하여야 한다. 그리고 페스트는 폐사한 야생동물 사체에 기생하던 벼룩이 다른 흡혈 대상을 찾아 옮겨 다니는 것을 막아야 한다.

20세기 들어 흑사병은 사례가 많지 않아 과거 역사 속 질병으로 인식하고 있으나 여전히 발생 보고가 이어지고, 야생에는 병원균이 존재하고 있으며, COVID-19가 창궐하고 있는 와중에도 중국에서 발병한 사례가 보고되었다. 폐페스트는 환자가 내뿜는 침방울을 통하여 사람 간에 감염될 수 있고, 외국에서는 애완 고양이의 비말에서 감염된 사례도 있다.

올 한 해는 연초부터 전 세계를 충격에 빠뜨린 COVID-19 창궐로 중세 흑사병처럼 21세기에 빼놓을 수 없는 잔인한 질병으로 기록될 것이다. 이번 사태는 교통수단 발달로 순식간에 전 세계에 전파되어 지구촌 전체가 심각한 공포에 휩싸였다. 그뿐만 아니라 20세기 초 스페인독감과 홍콩독감 그리고 금세기 사스, 메르스, 에볼라를 경험한 학습효과 때문에 두려움은 더 크다.

2002년 중국에서 발생하여 전 세계를 공포의 도가니로 몰아갔던 사스, 2012년 사우디아라비아와 중동지역을 중심으로 발생한 메르스, 최근 인간에게까지 전염되는 것으로 알려진 조류 인플루엔자, 그리고 해마다 예방접종을 해야 하는 독감까지, 이들 병원체는 세균인 페스트와 달리 바이러스라는 공통점이 있다. 인간에게 병마의 고통을 주는 원인균은 세균에서 바이러스로 옮겨간 것 같다.

이번 COVID-19는 환경에 따라 매우 빠른 속도로 스스로 변이變異하는 까다로운 특성까지 가지고 있다. 백신과 치료제 개발에 어려움을 겪을 뿐만 아니라, 한 번에 퇴치하기 불가능하다는 공통점을 가지고 있다. 이처럼 관리가 까다로운 바이러스는 주로 단세포로 이루어진 세균보다 작다. 이들은 생존에 필요한 최소한의 단백

질과 핵산만 갖춘 채 나머지는 외부 생명체의 세포에서 얻어 생존하는 특성이 있다.

COVID-19처럼 인구가 밀집한 지역에서 파괴력이 강한 바이러스가 발생하면 순식간에 도시 전체로 전파하여 공포에 떨게 한다. 미국 사례에서 보듯이 뉴욕을 포함한 대도시에서는 걷잡을 수 없을 정도로 빠르게 전파하는가 하면, 인구밀도가 낮은 곳에서는 사회적 거리두기 등 개인위생을 잘 지킨다면 피해 갈 수 있다.

COVID-19 공포에서 벗어나는 최단 길은 변이 별로 백신 개발이 필수다. 백신은 원인 바이러스의 위력을 약화해 그 일부를 이용하여 만들고, 사람에게 투여하면 면역 작용을 하는 항체를 만든다. 이후 같은 바이러스가 몸에 침투했을 때 이전의 기억을 바탕으로 쉽게 바이러스를 퇴치할 수 있다. 하지만 이번 COVID-19는 유효한 백신을 만들었다는 소식도 아직 들려오지 않고 있는 가운데, 최근 재유행 조짐을 보이는 베이징의 경우 농수산물시장에서 발견된 COVID-19는 초기 바이러스와 다른 'D614G'라는 변종 바이러스인 점을 전문가들은 주목한다.

미국 스크립스 리서치가 지난주 발표한 보고서에 COVID-19의 돌연변이 D614G는 전염력이 10배가량 강할 뿐만 아니라, 현재 진행 중인 백신 개발에도 좋지 않은 영향을 미칠 수 있다고 우려한다. 그 이유는 각 나라에서 개발 중인 백신은 우한에서 검출된 COVID-19 중 가장 초기 바이러스에 기초하고 있기 때문이다. 이처럼 앞으로 넘어야 할 산이 낮아지는 것이 아니라 더 높아지는 듯한 느낌이 들어 걱정만 깊어간다.

이번 COVID-19와 관련하여 WHO는 지난 1월 30일 '국제적 공중보건 비상사태'를 선언한 데 이어 3월 11일에는 감염 확산세가 가파르게 지속하자 전염병 위험의 최고 단계인 '팬데믹'을 선포했다. 이는 홍콩 독감(1968), 신종플루(2009)에 이어 사상 세 번째다. 앞선 두 번의 팬데믹과는 비교할 수 없을 정도로 이번 사태가 심각한 것이 문제다. 그 이유는 홍콩 독감과 신종플루는 우리에게 이제 잊힌 유행병이 되었으나, COVID-19는 아직 유효한 항바이러스 치료제도 개발되지 않았고, 전파력과 치사율도 높아 언제쯤 그 포위망에서 벗어날 수 있을지 예단할 수 없기 때문이다. 마치 어린 시절 깜깜한 터널 속을 달리는 기차에서 연기를 마시지 않으려 손수건으로 입과 코를 막듯이 마스크를 착용하고 터널 밖 밝은 빛을 기다리는 심정으로 이 시기를 넘겨야 한다.

과거 중세에 역병이 창궐하였던 때와 달리 우리는 21세기 첨단과학 시대에 살고 있다. 다만 COVID-19는 지금까지 우리가 알고 있었던 코로나바이러스와는 다른 성질을 가지고 있어 다소 시간이 길어지기는 하겠지만, 우리는 극복할 수 있는 저력이 있다는 것을 과거 경험과 역사에서 추론할 수 있다. 삶의 여정에서 굽이마다 크고 작은 질병을 만난다. 어쩌면 예정된 일인지 모르기 때문에 좌절하면 안 된다. 알베르 카뮈는 소설 〈페스트〉에서 역병에 저항하는 한 의사의 인간적인 이야기를 담고 있다. 시대를 초월하여 우리에게 들려주며 고민하게 하는 메시지를 전하고 있다. 이 소설에서 우리는 정답은 아닐지라도 해답을 찾을 수 있을 것 같다. 아마도 이번 COVID-19 사태 중 가장 많이 읽힌 고전이 아닐까 생각한다.

COVID-19가 창궐하기 직전 2월 중순 멕시코 오아하카 지방을 여행할 때, 소칼로 광장에서 길거리 연주가가 들려주었던 〈가브리엘 오보에〉(영화 '미션' OST 곡으로 넬라 판타지아로 더 유명한 곡)가 떠오른다. 웅장한 오케스트라 연주가 아니었어도 전통 목관 악기 연주가 여행에 지친 심신을 더욱 청량하고 맑게 해주었다. 그리고 붙여진 노랫말처럼 환상의 멜로디 속에서 타오르는 희망을 느꼈다. COVID-19에 고개 숙이지 말고 하늘 향해 두 주먹 불끈 쥐고 희망을 외쳐보자.

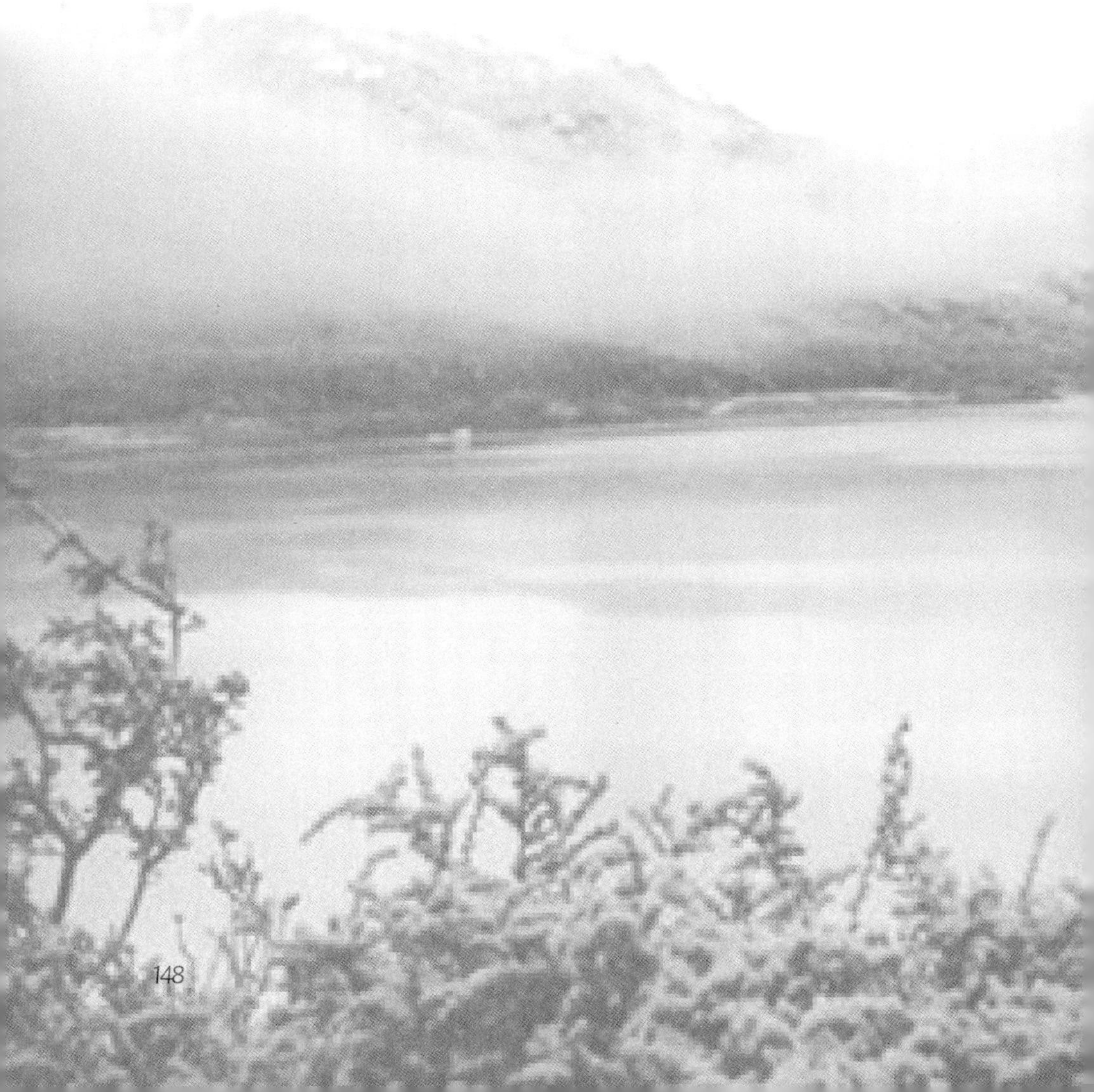

4부
고전의 울림

한 소년이 아름다운 자연에서
낚시하며 행복함 미래를 꿈꾸나
어른은 소년의 수레에
자신들의 욕망을 가득 싣는다
소년곁에 있던 친구마저 떠나자
수레가 버거워 심신이 지쳐가고
외로움 달랠 술 연인마저 결을 떠나자
애닯고 처절한 고독 일에 떨고 있다
어둠의 늪으로 한 걸음 한 걸음 옮긴다
소년은 他者가 왜곡한 욕망의 수레바퀴 밑에서
뼈에 사무치는 실존의 억압에 빠지고
버거운 삶의 무게 견디지 못하여
외롭고 虛氣진 世渡에서 벗어나고자
永遠의 自我 찾아
먼 길 여행 떠난다

임인년 가을 영원한 자아를 찾아서 오달학 쓰다

헤밍웨이 소설의 문장은
화려하지 않고 간결하여 읽기 쉽다.
그 속에 담고 있는 작품의 분위기나
내용의 깊이, 작가의 의도 등은
매우 깊고 의미심장하다.
따라서 그의 작품을 단순하게 따라 읽기보다는
그 의미를 되새겨 음미하며
읽을 필요가 있다.

– 〈파멸할 수는 있어도 패배할 수는 없다〉에서

삶, 존재자, 생성의 소리
- 헤르만 헤세, 〈싯다르타〉

 '인도의 시詩'라는 부제가 붙은 성담聖譚 소설 〈싯다르타〉는 헤르만 헤세Hermann Hesse의 장편소설로 1922년 발표하였다. 소설은 위대한 현자의 발자취 따라 인간의 삶을 주인공 고타마와 싯다르타 그리고 몇몇 주변 인물만 등장한다.

 〈싯다르타〉는 구도자가 깨달음을 얻어 가는 과정을 그린 이야기로 제목에서 보듯 불교적이고 동양적인 느낌이 짙다. 독일 작가 헤르만 헤세가 집필 중 스스로 한계를 느끼고 인도에서 수행한 후 소설을 완성하였을 정도로 열정을 바친 작품으로 대문호의 영혼이 투영된 자전적 소설이다.

 소설을 읽기 전 제목에서 석가모니 위인전이 아닐까 하는 생각이 든다. 그 이유는 어릴 때 석가 이름이 '고타마 싯다르타'였기 때문에 느끼는 착시 현상이다. 소설에는 실제 한 사람인 '고타마 싯다르타'를 서로 다른 두 사람으로 설정하여 등장한다. 부처 고타마는 작품 속에서 이미 깨달음을 얻은 현자로, 싯다르타는 자아의 근본인 아트만Atman과 우주의 본질인 브라만Brahman과의 일치를 추구하여 깨달음을 얻고자 하는 수행자다. 자기 내면을 들여다보며 스스로 배우고 사색하는 싯다르타는 미래 싯다르타로 고타마라는 분신을 미리 설정한 것 같다.

　헤르만 헤세 소설에는 왜 '깨달은 사람' 이야기를 많이 할까.〈싯다르타〉도 예외 없는 정형으로 '인간성과 자아'와 사유思惟의 정수인 '완전한 인간 부처'를 묘사한다. 서양 작가가 어쩌면 이렇게 잘 기술할 수 있었을까 하는 부분에선 놀라움을 넘어 경이롭기까지 하다.

　소설 제목 싯다르타는 '깨달은 사람'을 일컫는 말일뿐 부처를 칭하는 '석가모니'가 아니다.〈싯다르타〉는 동양을 배경으로 깨달은 현자에 대하여 헤르만 헤세의 철학적 관점과 사유가 깃든 소설이기에 흔히 접하는 동양 사상가의 글과는 차이가 있다. 제목에서 느끼는 동질감과 동양 사상을 바탕에 둔 내용에서는 그의 깊은 사유에서 오는 매력도 있지만, 동양을 기본 구도로 하는 소설치고는 고뇌에 대한 성찰이 그리 많지 않다. 내적 갈등이나 상황에 대한 자신의 인식을 이야기하다 보니, 마치 말 많은 사람으로 비친 듯한 느낌도 없지 않다.

　소설은 우주, 자연, 내세, 구원에 관한 이야기가 없어도 인간성,

삶, 관계를 주로 다룬다. 그리고 자아실현을 위하여 몸부림치는 싯다르타의 삶과 헤르만 헤세의 자전적 인생관이 융화됨으로써 이야기는 강렬한 파장을 일으키고 깊은 울림으로 와닿는다.

소설에 펼쳐진 헤르만 헤세의 해박한 지적 세계를 통하여 현자로 사는 싯다르타의 삶이 무엇인지. 진정한 '나'로 산다는 것은 무엇인지. 잃어버린 자신을 찾기 위하여 시간의 상대성, 동시성, 영원성을 깨우치기 위해 잠시도 멈추지 않는 수행을 본다. 따라서 싯다르타의 내면 소리에 귀기울이며 소설을 읽어야 한다.

소설은 인도 사제계급인 브라만의 아들 싯다르타와 그의 친구 고빈다가 등장한다. 두 사람은 절친한 친구 사이지만, 실제 고빈다는 사랑과 존경으로 싯다르타를 그림자처럼 따른다. 그들은 이미 현인과 대화할 수 있을 정도로 깊이 숙고熟考하는 기술과 명상 meditation 의식을 익혔고, 소리를 내지 않으면서도 자기 의사를 전달할 수 있으며, 이미 삼라만상과 하나이자 불멸의 존재인 아트만이 내면에 있다.

소설의 구성은 1부 4장과 2부 8장으로 나누고 각 장에는 소제목이 있다. 1부는 싯다르타가 친구 고빈다와 함께 사문이 되기 위하여 구도의 길을 떠나려 결심한다. 그는 브라만이 되길 바라는 아버지 뜻을 거역하고 어머니에게 인사한 후 집을 떠난다. 사문은 단식, 호흡, 명상, 참선을 수행함으로써 자아를 벗어나 자신을 잊고 있는 무아지경에 이르는 법을 배운다. 그들은 구도의 길에서 중생이 번뇌와 업에 의하여 삼계육도三界六道의 생사윤회生死輪廻를 체험하지만, 사문은 윤회의 순환을 벗어나지 못하고 결국 자기 자신으로 돌아오는 것을 깨닫는다.

부모를 떠난 두 구도자는 윤회의 순환에서 벗어났다는 부처 '고타마'에 관한 소문을 듣고 사문생활을 청산하고자 그를 찾는다. 고타마의 설법을 듣고 고빈다는 제자가 되지만, '깨달음은 가르침을 통해 번뇌의 얽매임에서 풀리고 미혹迷惑의 괴로움에서 벗어날 수 있는 해탈解脫에 이를 수 없다'고 생각한 싯다르타는 혼자 길을 떠난다. 떠나는 날 싯다르타는 부처 고타마를 만나 그에게 귀의하여 추종하며 따르기를 거부하고, 자신은 스스로 경험하고 찾는 사문의 길을 더 높은 경지에 둔다고 말한다. 그리고 싯다르타는 '깨달음(得道)은 그 어떤 가르침보다 자기 내면의 아트만과 바라문이 추구하는 모든 껍질과 자아를 산산조각 내어 부수어 버리고 벗어날 수 있어야 하므로 사문의 길을 택한다'라고 이야기한다. 이 대목은 앞으로 전개될 소설의 전개 방향과 중요한 흐름을 암시한다. 헤르만 헤세는 제1부 일명 '인도의 시詩'를 〈장 크리스토프〉를 쓴 소설가 로맹 롤랑에게 헌정한다.

제1부가 기존의 전통과 관습을 버리는 과정을 그렸다면, 제2부는 세속인간의 삶에서 체험을 통한 구도求道 과정을 이야기한다. 고빈다와 헤어진 싯다르타는 본능 세계에 사는 여인 카말라를 만나 세속의 육체적 쾌락과 사랑의 기술을 배우고, 그녀의 환심을 사기 위하여 부에 집착한다. 그리고 장사와 돈 버는 방법을 상인 카마스바미에게 배운다. 그는 부자가 되어 카말라처럼 아름다운 정원을

사들여 그곳에서 좋은 옷을 입고, 기름진 음식을 먹으며, 돈 많은 브라만 행세로 오랜 기간 도시에서 생활한다. 이때 싯다르타는 생각하는 법과 단일성을 잊어버리고, 부드럽고 푹신한 지옥 세계에서 늙어간다.

싯다르타는 사랑의 환희를 즐기고 막대한 부를 누리지만 스스로 찾고자 하는 진리는 결코 현세에서 얻을 수 있는 것이 아님을 깨닫는다. 또다시 생의 허무를 느끼던 어느 날 세속의 삶을 청산하고 다시 구도의 길을 찾아 자연 속으로 떠난다. 자연을 찾아가는 길에 한순간 싯다르타는 절망과 번뇌에서 강물에 몸을 던져 가던 길을 포기하려고 한 적도 있었다. 몸을 던지려는 순간 오랫동안 잊었던 브라만의 성스러운 진언眞言 가운데 가장 위대한 것으로 여기는 신성한 음音인 옴Om을 다시 듣게 된다. 싯다르타는 흐르는 강물에서 자아 구제를 의미하는 수천 개 눈을 가진 보디삿타바Bodhisattava가 강물 깊은 곳으로부터 나타난 모습을 본다. 그리고 자기 생각과 행동은 진정한 수행자가 할 구도의 길이 아니라 자기 파멸이라는 것을 깨닫고, 강물에서 윤회의 해탈을 찾으려 수행을 정진한다.

그 후 고뇌의 세계에서 벗어나 바스데바와 함께 지내면서 상반된 대립 속에서 자아 탈피 과정을 겪는다. 그러던 어느 날, 부처 코타마 장례에 참석하러 가는 카말라가 나무 그늘에서 쉴 때, 독사에 물려 사경을 헤맨다. 그녀와 어린 아들은 우연히 바스데바의 도움을 받게 된다. 이때 싯다르타는 처음 아들을 만나 지난 세월을 회상하며 번뇌한다. 카말라는 싯다르타가 지켜보는 가운데 죽음을 맞고,

그는 죽음을 새로운 측면에서 이해한다. 그리고 죽음은 감각 본능인 현세로부터 단절을 의미하는 것이 아니라 생生과 사死가 쉬지 않고 반복되는 윤회의 한 축으로 깨닫는다. 싯다르타는 삶과 죽음의 두 세계가 종적인 연장을 넘어 '동시 동등의 인정'에 도달한다는 것을 이해한다. 그리고 그는 상반된 두 세계의 대립을 지양하고, 동시 동등의 조화가 이루어진다는 진리를 얻음으로써, 오랜 애욕의 속박으로부터 자유로워진다.

싯다르타는 한때 연인이었던 카말라를 떠나보내고 잠시 어린 아들과 함께 생활한다. 소년은 풍요롭고 편안함에 길든 도시생활을 잊지 못하고, 결국 아버지 곁에서 탈출한다. 싯다르타는 번뇌하며 바스데바의 권유도 아랑곳하지 않고 부성애로 아들을 찾으러 도시로 떠나지만, 얼마 지나지 않아 다시 나루터로 돌아와 뱃사공 일을 한다. 늙은 뱃사공 바스데바는 싯다르타가 돌아오자 나룻배와 오두막을 주고 산속으로 들어간다. 그가 떠난 자리에 홀로선 싯다르타는 흐르는 강물의 모습에서 경청하는 법, 동요하지 않고 판단이나 의견을 내는 법, 귀 기울여 듣는 법을 명상한다. 그 과정에서 정신세계에 머물며 잊고 있던 또 다른 자아인 '감각 본능의 자아'를 찾는 수행을 한다. 마침내 흐르는 강물에서 삶의 소리, 존재자의 소리, 영원한 생성의 소리를 듣고, 단일성 사상과 영원한 현재라는 시간 초월, 즉 무상성無常性 극복을 체험함으로써 생의 진리를 깨닫는다.

싯다르타가 찾는 진리란 텅 빈 마음으로 걱정과 탈이 없는 평안,

움직임이나 흔들림 없이 잔잔하고 고요한 평정平靜을 구하여 기쁨과 슬픔에서 벗어나는 해탈을 말한다. 그는 사문과 함께하는 수행에서 명상과 수련하는 법을 배웠으나, 그것은 일시적으로 자기도피만 가져다줄 뿐, 자신이 찾는 해탈의 길이 아님을 깨닫는다. 어느 날 수행 중이던 고빈다가 산사로 돌아가는 길에 우연히 싯다르타와 재회하고 오두막에서 하룻밤을 함께 보낸다. 사바세계 저쪽에 있는 깨달음의 세계에 닿고자 한평생 구도의 길을 걸은 고빈다의 피안彼岸의 세계가 아니라, 나고 죽는 고통의 세상인 차안此岸의 세계를 산 싯다르타와는 삶의 마지막에 이르러 어떤 깨달음의 차이가 있을까.

   소설 끝부분에서 두 사람의 이야기를 음미한다. 고빈다는 말한다. "자네가 '사물'이라고 부르는 것이 과연 실제로 존재하는 것은 어떤 현실적인 것, 어떤 본질적인 것일까? 그것은 단지 마야Maya의 미혹에 불과한 것이 아닐까, 단지 심상心想이나 가상假象에 불과한 것이 아닐까? 자네가 이야기하는 돌멩이, 자네가 이야기하는 나무, 자네가 이야기하는 강, 그런 것들이 도대체 실제로 존재하는 현실일까?"

   "그것 역시…." 하고 싯다르타가 말하며 "나에게는 별로 중요한 문제가 아니네. 그 사물들이 가상이든 아니든 그것은 별문제가 안 돼. 만약 그 사물들이 가상이라면, 그렇다면 나 역시 사실 가상적 존재인 셈이지. 그리고 만약 그렇다면 그 사물들이 나와 동류의 존재라는 사실, 바로 이러한 사실 때문에 나는 그 사물들을 그토록 사랑스럽게 여기는 것이고, 그토록 숭배할 만한 가치가 있는 것으로 여기는 거야. (중략) 그러나 나에게는 이 세상을 사랑할 수 있는 것, 이 세상을 업신여기지 않는 것, 이 세상과 나를 미워하지 않는 것, 이 세상과 나와 모든 존재를 사랑과 경탄하는 마음과 외경심을 가지고 바라볼 수 있는 것, 오직 이것만이 중요할 뿐이야"라고 하며 차 안의 세계에서 깨달은 생각을 말한다.

두 사람의 마지막 작별 장면을 엿보자. "고빈다는 허리를 굽혀 큰절을 올렸다. 영문을 알 수 없는 눈물이 그의 늙은 뺨을 타고 흘러내렸으며, 그의 가슴속에서는 진정에서 우러나온 가장 열렬한 사랑의 감정, 가장 겸허한 존경의 감정이 마치 불꽃처럼 활활 타올랐다. 싯다르타의 미소는 그에게 자신이 이제까지 살아오는 동안 사랑했었던 그 모든 것, 자신이 이제까지 살아오는 동안 가치 있고 신성하게 여겼던 그 모든 것을 떠오르게 해 주었다. 그는 꼼짝 않고 앉아있는 싯다르타에게 머리가 땅에 닿을 정도로 허리를 굽혀 절을 올렸다."

그리고 소설은 끝나지만, 깨달음을 얻고 마음의 평화를 찾은 싯다르타가 친구 고빈다에게 깨달음은 "우리가 착각에 빠져있기 때문에 시간이 실제적인 것처럼 보이는 것이네. 시간이 실제로 존재하지 않는 것이라면 세계와 영원 사이, 번뇌와 행복 사이, 선과 악 사이에 놓인 것처럼 보이는 간격 또한 착각이라네" 하고 "쉿, 자신의 내면에 귀 기울이는 것"이라고 설명한다.

싯다르타는 자연과 함께 자아를 극복하고 자연이 내어주는 것을 받아들여 자신이 자연 속 일부가 되는 삶이 바로 그가 찾고자 한 배움이었고, 흐르는 강물의 모습에서 현재가 주는 귀함을 깨닫는다. 헤르만 헤세는 제2부를 일본에서 활동한 불교 연구의 권위자이자 그의 외사촌 빌헬름 군데르트에게 헌정하였다.

다시 한번 시간의 연속성과 삼라만상의 연결, 진정한 나로 살기 위하여 노력해야 한다는 깨달음은 동서고금을 막론하고 같은 목소리를 내고 있다. 동양인이 〈싯다르타〉를 썼다면 그리 놀라지 않았을 수도 있다. 하지만 헤르만 헤세가, 더욱이 경건한 기독교인 부모를 둔 그가 힌두교, 불교, 도교적 사상을 아우르는 작품을 썼다는 것은 읽으면서도, 다 읽은 후에도 놀라지 않을 수 없다.

소설에서 강물은 마치 주인공처럼 모든 모순이나 대립을 융화하여 새로운 생명을 탄생시키는 모체를 상징한다. 이 작품은 삶에서 중요한 3가지 '기다리는 것', '인내하는 것', '귀 기울이는 것'을 이야기한다. 그리고 "지식은 전달할 수 있지만, 지혜는 말로 전달될 수 없다"는 것을 전하며, 세상을 이해하고 '참 나'를 찾는 길로 독자를 인도한다.

파멸할 수는 있어도 패배할 수는 없다
- 어니스트 헤밍웨이, 〈노인과 바다〉

　어니스트 헤밍웨이Ernest Hemingway의 걸작 〈노인과 바다The Old Man and the Sea〉의 배경이 된 쿠바 코히마르Cojimar 해변을 찾는다. 카리브의 싱그러운 바다 내음이 코끝을 스치고, 푸른 파도는 물보라를 일으키며 방파제를 때린다. 한 무리의 갈매기는 한가로이 날갯짓하며 어디론가 떼를 지어 날아간다.

　소설 속 주인공 '산티아고' 노인과 소년 '마놀린'이 나란히 걷던 그 길을 따라 헤밍웨이의 흉상 앞에 섰다. 그는 아무 말도 하지 않고, 먼 곳에서 찾아온 나그네를 아랑곳하지 않는다. 그저 앞바다만 바라보며 엷은 미소만 짓는다. 아무 말 없이 포구를 지키는 파수꾼 '토레온 망루Torreon de la Chorrera'는 해적선만 찾는지 먼바다만 뚫어지게 쳐다본다.

헤밍웨이는 어느 날 코히마르 출신 늙은 어부 푸엔테스로부터 자신이 거대한 청새치와 이틀 밤낮에 걸쳐 사투를 벌였다는 이야기를 듣는다. 그는 고독과 싸우는 자기 내면세계를 투영하여 바다에 굴하지 않는 노인의 용맹을 모티브로 〈노인과 바다〉를 13년 만에 완성한다.

헤밍웨이는 1952년 쿠바에서 이 소설을 발표하고 1953년에 이 작품으로 퓰리처상을 받았으며, 1954년에는 노벨문학상을 받았다. 소설의 배경이 된 곳은 아바나에서 멀리 떨어지지 않은 곳에 있는 작은 포구 코히마르 어촌으로 지금은 고기 잡는 어부가 없다.

소설 줄거리는 코히마르 포구에서 작은 조각배를 타고 고기잡이하는 산티아고 노인의 이야기다. 84일 동안을 고기 한 마리도 못 잡고 시간만 허비한 그는 처음 40일 동안은 소년 마놀린과 동행하였다. 고기를 잡지 못하자 소년의 부모는 그를 '살라오', 즉 '가장 운이 없는 사람'이라고 하며 다른 배를 타게 한다. 85일째 되는 날 노인은 홀로 바다 한가운데 나가서 커다란 고기 한 마리를 낚는 데 성공한다. 그의 낚싯바늘에 물고기가 걸렸을 때 "이렇게 배를 끌고 가다니 정말 대단한 놈이야. 바늘이 달린 철삿줄까지 삼킨 채 주둥이를 꽉 다물고 있는 게 틀림없어. 놈을 한번 봤으면 좋겠는데. 도대체 내가 어떤 놈을 상대하고 있는지 한 번만이라도 봤으면 좋으련만" 하며 노인은 말한다. 그리고 "물고기야, 난 죽을 때까지 네놈과 함께 가겠다"라며 간절한 소망(꿈)을 말한다.

하룻밤과 하룻낮을 노인과 배는 힘센 청새치한테 이리저리 끌려

다녔다. 그는 있는 힘을 다해 사투를 벌여 이틀째 밤이 밝을 무렵에서야 마침내 고기를 배에 붙들어 매고 포구로 향한다. 돌아가는 길에 이번에는 상어의 습격을 받게 된다. 그는 노 끝에 칼을 매어 상어와 혈투를 벌이지만, 항구에 돌아와 보니 고기는 없고 앙상한 뼈만 남는다.

노인은 청새치와 생사를 건 사투를 벌이면서도 "인간은 패배하기 위하여 만들어진 게 아니야, 인간은 파멸될 순 있어도 패배할 수는 없어"라고 하며 혼잣말로 거대한 물고기를 잡아 환호하던 승리의 순간만 담담하게 받아들인다. 이처럼 노인은 상어에게 청새치를 뜯겨도 포기하지 않는다. 노인은 마을로 돌아와 자신의 패배에 대하여 원망하지 않고 판잣집에서 피로에 지쳐 깊은 잠에 빠진다. 소년과 마을 사람들은 고기 뼈를 보고 크기에 모두 놀란다. 잠에서 깨어난 노인은 소년과 잠시 대화를 나누고 다시 잠이 든다. 소년이 산티아고 곁에 앉아 지켜보고 있는 사이 노인은 사자 꿈을 꾼다. 비록 몸은 늙었지만, 자신은 '용맹'을 상징하는 사자 같은 어부로서 당당함을 잃지 않았다. 할 수 있는 것을 포기하지 않고 계속하는 자기 모습을 꿈꾼다.

〈노인과 바다〉에는 노인의 사념, 독백, 사투 등이 등장한다. 헤밍웨이는 산티아고의 독백에서 큰 고기를 낚기 위해 고군분투하는 불굴의 정신을 간결하면서도 힘찬 자신만의 문체로 묘사한다. 그리고 소설은 잔잔하게 흘러가면서도 많은 것들을 생각하게 하는 이야기가 하드보일드 문체로 가득 채워져 있다.

헤밍웨이는 남성적이고 거친 이미지의 소유자로 알고 있지만, 그는 항상 고독과 싸우는 자기만의 내면세계가 있었다. 그런 그를 독자들은 잘 알지 못한다. 헤밍웨이 삶의 궤적을 들여다보면 그는 보기와는 달리 혼잣말을 많이 하며 고독과 싸웠고, 마지막에는 자살로 삶을 마감한다. 그는 터프 가이 한 남성적인 이미지 소유자였고, 그의 문체도 자신의 기질과 닮았다고 평한다.

헤밍웨이는 감정을 최대한 억제하여 표현하는 'Understatement(절제)' 기법으로 글을 쓴다. 빙산이 물 위에 1/8만 떠 있고, 7/8은 수면 아래 있듯이 그는 작품 내용을 독자에게 모두 보여주지 않고 숨긴다. 그는 "훌륭한 소설가라면 감정을 헤프게 드러내지 않고 그 일부만을 드러내어 나머지 감정을 표현해야 한다"면서 독자가 상상력을 동원하여 나머지를 채우도록 한다.

소설 속 산티아고 노인의 혼잣말처럼 그가 패배하였을까. 그의 독백은 '이긴 것이 진 것일 수 있고, 진 것이 이긴 것일 수도 있다'라는 의미로 볼 수 있다. 노인은 청새치를 잡음으로써 승리한 것이고, 상어가 그 고기를 다 뜯어 먹어 머리와 뼈만 가지고 돌아왔으니 패배가 될 수도 있다. 하지만 노인은 자기를 무시하던 마을 사람들에게 청새치의 잔해를 가져옴으로써 자기 능력과 용맹을 보여주었다. 특히 소년에게 큰 감동을 줌으로써 노인은 승자가 되었다.

헤밍웨이는 이 소설에서 "인간은 파멸 당할 수는 있을지 몰라도 패배할 수는 없어"라는 명언을 남기며 '파멸'과 '패배'를 구분한다. 파멸은 물질적인 측면으로 목적을 말하고, 패배는 정신적인 측면으로 수단과 과정을 의미한다. 산티아고 노인은 청새치를 상어에게 빼앗기지만 인내하며 노력한 데 자부심을 느낀다. 헤밍웨이는 〈노인과 바다〉를 통하여 자신의 이상과 꿈을 담았다.

 헤밍웨이 소설의 문장은 화려하지 않고 간결하여 읽기 쉽다. 그 속에 담고 있는 작품의 분위기나 내용의 깊이, 작가의 의도 등은 매우 깊고 의미심장하다. 따라서 그의 작품을 단순하게 따라 읽기보다는 그 의미를 되새겨 음미하며 읽을 필요가 있다.

 헤밍웨이의 발자취를 찾아간 쿠바 여행에서 〈노인과 바다〉의 배경이 된 코히마르의 작은 어촌을 찾은 것은 여행의 기쁨이 배가된다. 느릿느릿 바닷길을 걷노라면 카리브의 황금빛 햇살이 머리 위에 내리쬐고, 방파제에 철석이며 부딪히는 파도의 울림이 가슴을 친다. 바닷바람을 거슬러 나는 갈매기의 힘찬 날갯짓에서 용기와 희망을 찾고, 비릿한 카리브의 바다 냄새는 이곳을 영원히 잊지 못하게 후각을 각인시킨다.

한 점으로 창공에 머문다
– 생텍쥐페리, 〈야간비행〉

〈야간비행〉은 〈어린 왕자〉의 작가 앙투안 드 생텍쥐페리Saint Exupery가 툴루즈-세네갈 노선 우편기를 조종하고 아르헨티나 야간비행 항로 개척에 참여했던 경험을 토대로 작가이자 조종사의 삶에서 얻은 영감을 바탕으로 쓴 소설이다.

생텍쥐페리에게 '비행'과 '문학'이라는 두 축의 키워드는 작품을 이해하는 데 매우 중요하다. 그는 "비행과 글쓰기 중 하나만 선택하기란 불가능하다. 행동하는 것과 자기 자신에게 관심을 기울이는 것. 둘 모두 대단히 중요한 일이기 때문"라고 한 그의 말에서도 두 축은 뗄 수 없다는 것을 알 수 있다.

그는 비행 중 사고로 두개골 골절로 사경을 헤매기도 하였고, 리비아 사막에 불시착하여 나흘간 실종된 적도 있었으나 결코 비행을 포기하지 않았다. 그는 2차 세계대전 때 공군에 재입대하여 1944년 6월 29일 P-38 라이트닝을 조종하고 그르노블 안시 지역으로 혼자 정찰비행 나갔다가 적기의 피격으로 지중해 연안에서 안타깝게도 실종되었다.

이처럼 생텍쥐페리의 비행에 대한 굳은 의지와 열정은 생의 마지막 날까지 넘쳤고, 조종사로서의 고독과 죽음에 이를 수 있는 고통을 〈야간비행〉에 그대로 녹였다. 특히, 비행 중 경험한 창공의 실상과 동료와의 연대감은 생텍쥐페리의 첫 번째 소설 〈남방우편기〉 외에도 단편소설 〈비행사〉와 〈전시 조종사〉 등 여러 작품의 모티브가 되었다. 그뿐만 아니라 구체적이고 생동감 넘치는 그의 경험은 무게감 있는 항공소설 세계로 독자를 이끈다.

〈야간비행〉의 배경이 된 20세기 초, 항공화물 운송 능력은 기차와 선박보다 속도 경쟁에 뒤졌다. 야간비행은 미개척 영역이었다. 회사는 항공기 수준이 높지 않아 위험하다는 것을 알면서도 야간 운송 능력을 높이기 위하여 단행하였던 초기 야간 우편기 운영 실태를 소설 속에 담았다.

당시 프로펠러기는 지금처럼 GPS나 디지털 유도시스템이 없었다. 조종사는 오로지 자이로스코프가 가리키는 방향과 고도계에 나타난 높낮이를 보고 자기 경험과 판단에 의존해야 하므로, 야간에는 더더욱 위험에 노출될 수밖에 없었던 때였다. 그뿐만 아니라 비행 전 조종사에게 제공하는 기상예보도 유효성이 높지 않았다. 비행 중 돌발상황을 맞이하였을 때 지상과 무선 연결도 원활하지 않을 때였기에, 악천후에는 조종사가 자기 스스로 판단하고 대처할 수밖에 없었다.

파비앵이 비행 중 눈 앞에 펼쳐진 예기치 못한 태풍과 마주한다. 긴박한 상황에서 무선사가 지상 무선국 이곳저곳에 연락하여 기상 상황을 파악하려 하였으나, 그마저도 원활치 않자 결국 두 사람은 최악의 공황상태에 빠진다. 그런 순간을 수시로 경험한 생텍쥐페리는 누구도 흉내낼 수 없는 생생한 창공의 상황을 그만의 서정적 문체로 독자에게 보여준다.

소설에는 항공 운항을 총괄하는 리비에르와 야간비행 중 태풍을 만나 죽음의 위험에 처한 조종사 파비앵이 주인공으로 등장한다. 두 사람 외에도 동료 조종사 펠르랭과 지상 근무 무선사, 감독관 로비노, 정비사, 잡역부의 일상과 그들의 심리상태를 담담하면서도 생생하게 그린다.

소설 줄거리는 부에노스아이레스를 향하여 남미 남쪽 파타고니아, 서쪽 칠레, 북쪽 파라과이에서 출발한 우편기 세 대가 있다. 그 지방에서 가져오는 우편물을 싣고 자정 무렵 유럽으로 출발시킬 다른 우편기도 공항에 대기하고 있다. 칠레와 파라과이에서 출발한 두 대는 무사히 부에노스아이레스에 도착하였으나, 파타고니아를 출발한 파비앵은 항로 중간지점에 태풍의 소용돌이가 있다는 것을 모르고 출발한다. 그는 비행 중에 강력한 비바람과 구름, 그리고 범위가 넓은 태풍을 만나 피할 수 없게 되고, 설상가상 지상과는 교신마저 단절된다. 파비앵은 위험 지역을 이리저리 피하다 보니 연료 소모마저 많아 남은 연료로는 한 시간 반밖에 비행할 수 없어 목적지까지 갈 수 없게 된다. 그는 비상 착륙할 인근 공항을 찾고자 하였으나 악천후로 무선이 단절되자 그마저 포기한다. 이런 최악의 상황에서 그는 의무감에서 존재의 의미를 찾는 초인처럼 죽음의 공포를 넘어 뇌우가 쏟아지는 태풍 속으로 돌진한다. 그는 밤하늘에 반짝이는 별에 에워싸여 영원한 한 점이 되어 창공에 머물게 된다.

한편 지상에서는 파타고니아에서 출발한 파비앵의 우편기가 예정 시간이 넘어도 오지 않자, 리비에르와 그의 동료들은 초조하게 기다린다. 그리고 같은 시각 파비앵의 아내는 남편을 기다리다 소식이 없자 리비에르를 찾아가지만, 그로부터 희망적인 대답을 듣지 못하고 실의에 빠진다. 시간이 좀 더 흐르자 리비에르는 파비앵의 생환을 포기하고 여러 지역에 있는 관련 기관에 수색을 요청하라고 직원에게 지시한다. 그 순간 그의 동료들은 이번 일로 리비에르가 위험한 야간비행을 포기할 것으로 기대하였지만, 그는 기다림 없이 유럽으로 떠날 우편기를 곧바로 출발시키는 비정하고 냉정한 결정을 내린다.

소설 속 두 주인공으로 항공 노선을 총괄하는 리비에르와 위험을 무릅쓰고 밤하늘을 비행하는 조종사 파비앵을 살펴볼 필요가 있다. 죽음의 공포를 두려워하지 않고 태풍 속으로 돌진한 파비앵은 인간성을 상실하였다기보다 자신의 목숨보다 더 값진 도전과 의무를 완수하고자 하는 행동에서 존재감을 찾는 인물이다. 리비에르는 총괄 책임자로서 항공기의 안전과 업적을 달성해야 하는 위치에 있고, 그 때문에 조종사와 동료들에게 보인 그의 엄격한 행동과 냉정한 결정은 얼핏 보면 비인간적인 인물로 비칠 수 있다. 이 대목을 생텍쥐페리는 소설 속에서 "인간의 목숨이 무엇보다 소중한 것이라 해도, 우리는 항상 무언가가 인간의 목숨보다 더 값진 것처럼 행동하죠. 그것이 과연 무엇일까요?"라고 하며 의미심장한 질문을 던진다. 그리고 그는 "그것은 용기도 아니고 사랑도 아닌, 인간의 의무"라고 한다.

용기는 아름다운 감정으로만 생기는 것이 아니라 자신만만하거나 용기 충천할 때 생긴다. 하지만 파비앵에게는 절체절명의 극한 위기에서 그 상황을 탈출하고자 하는 강렬한 분노가 있었다. 그는 죽음 앞에 선 신기루처럼 사라질 운명에 처하자 조종사로서의 무한한 사랑을 창공에 남기고 한 점의 영혼으로 사라진다. 리비에르에겐 그것이 의무로만 비친 것에 대해 안타까움을 넘어 비정함을 느낀다.

안전하게 자신의 직무를 무탈하게 마친다는 것은 매우 어렵다. 마치 생텍쥐페리 자신처럼 말이다. 그러나 그런 인생의 과정을 아름답게 마무리하는 사람을 우연히 마주한 적이 있다. 몇 년 전 남미 잉카유적과 이 소설에도 나오는 파타고니아의 아름다운 자연을 찾아 떠난 여행에서였다. 인천공항을 떠나 미국 댈러스를 거쳐 페루 수도 리마로 가는 델타항공을 탔다. 15시간 정도 날아 댈러스 공항에 도착할 즈음 특별한 기내 방송을 듣는다. 오늘 같은 멘트는 처음이고 듣는 순간 박수와 환호로 비행기 안은 축하의 한마당이 되었다. 곧이어 기장의 굵직하고 차분한 목소리가 스피커를 타고 흐른다. 그는 "오늘 이 비행이 조종사로서의 마지막 비행이고, 40여 년간 안전 비행을 지켜주신 하느님께 감사드리며, 지금까지 자신을 믿고 따라준 아내와 가족에게 사랑을 전한다"라는 소회와 모든 탑승객에게 "고맙다"고 인사한다. 그리고 더하여 "인천-댈러스 노선이 자신의 마지막 비행 여정이 되어 더욱더 기쁘고, 한국을 사랑하는 한 미국인으로써 감사하다"라는 말을 전한다. 아름답고 멋진 마지막 비행 멘트로 지금도 귀에 들리는 듯하다.

그는 20대 중반에 조종사가 된 이후, 잠자는 시간을 빼고는 땅을 밟고 산 시간보다 창공에 있는 시간이 더 많았다고 한다. 특히 장거리 국제선은 야간비행이 많아 환희에 찬 밤하늘의 아름다운 별과 달 이야기에 이어 태풍과 구름 속 비행에서 겪은 힘든 순간을 토로하였다. 그는 사는 그날까지 비행에서 경험한 추억을 고이 간직하고 기억할 것이라고 한다. 다시 태어나도 조종사가 되겠다는 말에서 그의 투철한 직업 사랑을 느낀다. 공항에 도착하여 내릴 때 출구가 두 곳에 있으나 한 곳만 열었고, 백발의 중후한 노老 기장은 정복을 차려입고 승객 한 사람 한 사람에게 거수경례를 하고 악수까지 한다. 차례가 되었을 때 귀엣말로 "내 아들도 조종사"라고 하자 그는 놀라면서 다른 승객과 달리 포옹까지 해준다. 나도 강하게 그를 껴안으며 마지막 비행을 축하해 주었다.

야간비행은 20세기 초에는 의무감을 존재 가치로 여기는 용감한 사람들에 의해 시작되어 지금은 보편화되었고, 파비앵은 당시 획기적인 변화를 이끌었던 주역인 점은 부인할 수 없다. 이런 시대적 배경으로 쓴 〈야간비행〉은 생텍쥐페리의 서정적 문체가 밤하늘의 은하수처럼 잔잔하게 흐르고, 내용에서도 항공소설의 문학적 감성을 느낄 수 있는 작품이다.

〈야간비행〉은 20세기 초 야간비행을 도입하는 과정에서 위험을 어떻게 극복했는지, 두 주인공 파비앵과 리비에르를 통하여 담담하게 그려낸 다큐멘터리 소설이다. 그렇다면, 생텍쥐페리가 독자에게 전하고자 하는 궁극의 메시지는 무엇일까. 비난 속에서도 야간비행을 밀어붙였던 리비에르는 승리자지만, 그것은 파비앵과 무선사 목숨을 대가로 치른 '무거운 승리'였다. 그러나 파비앵은 태풍과 폭풍우를 만난 돌발 상황 앞에서 죽음을 직감하지만, 그는 영원한 가치를 추구한 성자처럼 마지막까지 임무를 수행하며 목숨까지 내놓은 '영원한 승리'였다.

〈야간비행〉은 생텍쥐페리의 깊은 사유가 담겨있는 소설로 그는 파비앵처럼 정찰 임무를 수행하기 위하여 떠난 마지막 비행에서 결국 기지로 귀환하지 못하고 실종된 사실을 볼 때, 자신의 미래를 예견한 느낌이 든다.

진정한 사랑을 찾아서
– 제인 오스틴, 〈이성과 감성〉

　미국으로 여행 떠날 때, 여행지에서 읽을 책을 고르다 제인 오스틴Jane Austen의 〈오만과 편견〉을 읽었던 감흥이 남아있어 그녀의 첫 작품 〈이성과 감성〉을 들고 떠난다. 하지만 여행지에서 눈으로 보는 즐거움에 빠져 읽지 못하다가 돌아오는 비행기에서 읽는다. 아내는 시력도 좋지 않으면서 조명도 밝지 않은 비행기에서 책을 읽는다고 타박한다. 통로를 오가던 스튜어디스도 잠잘 시간에 책 읽는 것이 안타까웠던지 살포시 개인 등燈을 켜주고, 음료수를 권하며 무슨 책을 그리 열심히 읽느냐고 묻는다.

　〈이성과 감성〉은 제인 오스틴이 스무 살 때 썼던 〈엘리너와 메리앤〉이라는 서간체 소설을 재구성하여 1811년 '한 여인A Lady'이란 필명으로 750부 출판한 그녀의 첫 번째 작품이다. 하지만 출판 후 주목받지 못하자 두 번째 작품〈오만과 편견〉을 발표한 후, 1813년에 2판을 발행할 때는 '오만과 편견의 작가'라고 필명을 바꾸자 많이 팔렸다고 한다.

소설 원제〈Sense and Sensibility〉는〈오만과 편견〉보다 2년 먼저 출간되었고, 대치되는 제목과 내용의 흐름은 두 작품이 마치 일란성 쌍둥이 같은 느낌이 든다.〈오만과 편견〉은 무도회에서 일찌감치 편견을 가진 엘리자베스와 오만한 다아시가 등장하여 당대 젊은이들의 사랑과 결혼 과정을 비판적 시각으로 파 해쳤다면,〈이성과 감성〉은 차분한 판단력을 가진 엘리너와 매사에 열정적인 메리앤의 연애와 결혼이라는 사건을 다뤘다. 그리고 결혼은 이성적인 감정의 문제가 아니라 경제적 요인과 풍습이 피할 수 없게 얽힌 현실을 실감한다.

소설에서 제인 오스틴은 당시 젊은이들이 추구하는 가치관을 탄탄한 구성과 흐름 속에 독자를 푹 빠져들게 한다. 두 주인공은 결혼관을 통하여 이성과 감성이라는 속성이 인간관계에서 어떤 반향이 일어날지 관찰토록 독자를 사로잡는다. 제목에서 보듯이 이성과 감성은 평범하게 다룰 만큼 가볍지 않으나 제인 오스틴은 당시 시대적 상황과 흐름에 따라 갈등과 반전의 실타래를 푼다.

소설은 18세기 말 영국 사회 남성 중심의 '한정상속' 제도를 비판하고, 상대적으로 가진 돈이 변변치 않은 젠트리 계급의 결혼 적령기 여성은 '지참금' 때문에 순탄치 않은 삶을 살 수밖에 없는 현실을 잘 표현하고 있다.

소설에는 헨리 대시우드의 가족으로 두 번째 부인과 결혼 적령기를 맞은 세 딸 엘리너, 메리앤, 마가릿이 있고, 결혼한 전처소생의 아들 존과 그의 아내 패니가 있다. 그리고 엘리너의 상대인 페라스 가문의 장남 에드워드, 메리앤의 상대인 존 윌러비와 브랜던 대령이 있다. 주변 인물로는 존 미들턴 경, 제닝스 부인, 파머 부부, 루시 스틸, 로버트 페라스, 낸시 스틸이 등장한다.

소설의 큰 줄거리는 아버지가 병으로 자리에 누웠다가 갑작스럽게 세상을 떠나자 법원은 재산과 영지를 전처소생 아들 존에게 인도하라는 명령으로 대시우드 부인은 하루아침에 무일푼이 된다. 설상가상으로 존의 가족이 본가로 이사를 오게 된다. 아버지가 죽기 전 새어머니와 세 여동생을 잘 돌볼 것을 아들에게 당부하였으나, 심약한 성격의 존은 아내 패니의 압력으로 그들을 외면한다. 벼랑 끝에 선 대시우드 부인은 그동안 남편과 행복하게 살던 정든 저택과 넓은 영지를 떠나 먼 친척뻘인 미들턴 경이 빌려준 바튼의 작은 코티지로 세 딸과 함께 쫓겨나다시피 거처를 옮긴다. 대시우드 가족은 이사 간 곳에서 미들턴 경의 주선으로 브랜던 대령을 비롯한 여러 사람과 새롭게 교제하며 서식스의 아픔을 잊는다.

맏딸 엘리너는 지적이면서도 소박하고 사려 깊은 여인으로 서식스에 살 때 교제하던 올케 패니의 동생 에드워드와의 관계가 소원해진다. 하루는 언니와 산책하러 나갔다가 빗길에 발을 헛디뎌 걷지 못하게 된 메리앤은 때마침 그곳을 지나던 윌러비의 도움을 받게 되고, 그 인연으로 둘은 한순간 사랑에 빠진다. 어느 날 아무 말도 하지 않고 윌러비가 갑자기 런던으로 떠나자 메리앤은 낙담하게 되고, 자매는 멀리 있는 연인을 그리워한다.

우연한 기회로 자매는 런던으로 함께 여행을 떠난다. 메리앤은 윌러비로부터 "나도 널 좋아했지만, 그 이상은 아니었다. 착각하게 해서 미안하다"라는 참혹한 편지를 받는다. 메리앤은 이 편지를 받고 분노와 슬픔을 있는 그대로 표출하며 윌러비가 방탕하고 사치스러운 생활 때문에 돈 많은 여성과 결혼한 비도덕적인 사람이었다는 것을 알게 된다. 메리앤은 그로 인해 그동안 가졌던 결혼에 대한 아름다운 환상은 산산이 부서진다. 실연의 아픔 속에 메리앤은 언니를 통하여 다른 사람을 배려하는 태도와 결혼은 낭만이 아니라 여러 조건을 따져보고, 책임과 의무가 따른다는 것을 깨닫는다. 실연 이후 메리앤은 노총각 브랜던 대령의 헌신적인 사랑을 받아들이며 실연의 고통에서 벗어난다. 30대 후반의 브랜던도 젊고 발랄하면서도 아름다운 메리앤을 아내로 맞는다.

엘리너는 에드워드를 만났으나 모호한 그의 태도와 어머니의 청에 따라 부유한 집안의 루시 스틸이라는 여인과 약혼한 사실을 알게 되어 실의에 빠진다. 그러나 에드워드가 약혼을 파기하고 그녀에게 용서를 구하며 청혼하자, 그의 진정성 앞에 엘리너의 마음은 갈대처럼 흔들린다.

한편, 엘리너는 지참금이 없다는 에드워드의 어머니 페라스 부인과 누이 패니의 반대로 난관에 봉착한다. 그는 엘리너와 결혼하기 위하여 장자로서의 상속권을 동생 로버트에게 물려주는 조건으로 어머니로부터 결혼 승낙을 받지만, 그 후 금전적 후원을 전혀 받지 못하게 된다. 에드워드는 브랜던 대령의 영지에 있는 작은 교회 목사로 일자리를 얻어 신혼생활을 출발한다. 그는 모든 것을 포기한 대가에 비하여 수입이 보잘것없지만, 돈과 물질적인 풍요보다 엘리너와 함께 하는 진정한 사랑을 택한다.

소설은 19세기 초 잉글랜드가 배경이다. 대시우드 부인과 두 딸은 그 시대를 살던 평범한 여인들이다. 자매 중 언니 엘리너는 언제나 예의 바르고, 매사에 감정적으로 행동하지 않는 이성적인 여인이다. 그녀는 기쁘거나 슬플 때도 주위 사람을 배려하여 감정을 절제할 줄 아는 차분한 성품의 소유자로 품격이 있다. 그녀는 자신이 사랑하는 남자가 이미 다른 여자와 약혼했다는 사실을 직접 전해 듣고도 슬픔을 내색하지 않고 냉정을 잃지 않는다. 오히려 어머니에게 등 떠밀려 원치 않는 약혼을 한 에드워드를 안쓰럽게 여긴다. 엘리너는 자신을 반기지 않는 페라스 집안의 분위기와 에드워드의 태도, 사사건건 신경을 건드리는 루시 스틸의 존재로 인해 마음고생을 한다. 그녀는 우여곡절 끝에 원하는 사랑을 성취하였으나, 에드워드가 동생 로버트에게 장자의 권리를 모두 넘겨주어 집안의 아웃사이더가 되고, 경제적으로도 궁핍한 생활을 할 수밖에 없는 상황에 부닥치게 된다.

동생 메리앤은 언니보다 더 눈에 띄는 미인으로 자신의 감정을 있는 그대로 표현하는 쾌활한 여인이다. 연애할 때도 빠른 속도로 가까워져 헤어날 수 없을 정도로 격정적인 사랑의 늪에 빠진다. 윌러비와의 첫 만남부터 주변 시선도 아랑곳하지 않고 한순간 사랑에 빠지는 메리앤의 행동을 염려한 언니 엘리너가 충고하자 한마디로 무시한다. 그녀가 언니와 함께 런던에 갔을 때, 도착하자마자 윌러비에게 편지를 보냈으나 답장이 없자 여러 통의 편지를 계속 보낸다. 당시 약혼하지 않은 남녀가 편지를 주고받는 것은 예의에 어긋나는 것으로 여길 때다. 언니는 이런 사실이 주변에 알려져 평판이 손상되면 자신은 물론 막냇동생 마가릿의 혼사에도 영향을 미칠까 두려워 충고한다. 하지만 메리앤은 자기감정만 앞세울 뿐, 주변은 신경 쓰지 않는다.

루시 스틸은 다른 사람의 비위를 맞추는 데 탁월한 능력을 갖췄으나, 그녀는 무지하고 이기적이며 기회주의적인 사람이다. 특히 루시가 엘리너를 견제할 때 한 그녀의 행동은 인성이 부족하고 예의가 없다. 그런 행동은 엘리너의 이성적인 면모를 부각하기 위하여 제인 오스틴이 의도적으로 루시의 성격을 메리앤과 달리 극단적으로 설정한 것 같다.

소설에서 분별력 있고 이성적인 엘리너와 열정이 넘치고 감성적인 메리앤 중 과연 어느 쪽이 더 바람직한 사랑일까. 이 작품은 평범한 중산층 가정에서 일어나는 영국 젊은이들의 결혼 과정을 그린 풍속 소설이다.

〈이성과 감성〉은 당시 결혼 적령기 젊은이들이 갈망하는 사랑을 두 주인공을 통하여 진지하게 표현하고 있다. 그리고 교제할 때, 이성과 감성의 조화를 이루는 진정한 사랑이 무엇인지 이야기한다.

인생에서 결혼은 인륜지대사人倫之大事이고, 돈 때문에 울고 웃는 것은 예나 지금이나 시대를 초월하여 같은 것 같다. 작품에서 결혼은 재산과 신분이 사랑까지 지배하는 현실을 풍습과 인습까지 곁들여 감칠맛 나게 표현한다.

소설 원제에서 〈Sense and Sensibility〉를 〈이성과 감성〉으로 번역한 것을 생각해 본다. 일반적으로 이성은 rational이나 reasonable로, 감성은 sensibility로 표현한다. 그리고 sense는 '느낌'으로 이해하지 '이성'으로 해석하지 않는다. 하지만 어떻게 이성이라는 뜻을 가지게 되었을까 하는 의문은 소설을 읽다 보면 이해된다.

제인 오스틴은 이성과 감성이라는 의미의 두 주제를 엘리너와 메리앤 자매를 통하여 독자들이 공감할 수 있도록 썼다. 그리고 인간성과 도덕성이 무너진 제3의 인물 루시를 등장시켜 주제를 돋보이게 하였고, 그 밖의 등장인물은 구성을 탄탄하게 받쳐줌으로써 소설은 재미있다.

〈이성과 감성〉은 〈오만과 편견〉에 앞서 출간한 제인 오스틴의 첫 작품이라 구성에 다소 거친 부분이 있다는 비판도 있다. 그러나 등장인물의 성격과 사건을 오밀조밀하면서도 박진감 넘치게 읽을 수 있다. 내용 면에서도 소설은 평범한 듯하나 이성과 감성이란 단어의 의미는 가볍지 않고, 사랑을 추구할 때 이성을 중요시해야 한다는 명제가 담겨있다. 하지만 이성적인 사랑이 감성적인 사랑보다 우월하지 않고, 진정한 사랑은 두 명제가 조화를 이룬다면 더 좋지 않겠는가.

고전 소설은 언제 읽어도 감동의 울림을 느낀다. 〈이성과 감성〉에서 두 자매가 추구하는 사랑의 색깔과 연인을 찾아가는 과정을 엿보고, 직선이 아닌 길에서 두 사람이 겪는 시련과 기쁨을 볼 수 있다. 사랑의 심미적 이야기 속에서 젊은이들의 청초한 아름다움을 느낀다.

반항한다, 고로 존재한다
– 알베르 카뮈, 〈페스트〉

시작하며

1947년에 발표하여 그해 '비평가상'을 받은 알베르 카뮈Albert Camus의 〈페스트 La Peste〉는 올 초 지구를 강타한 COVID-19로 다시금 주목받는 소설이다. 수많은 미생물 중에서 페스트만큼 인류에게 막대한 피해를 준 세균은 없다. 페스트를 처음 접한 것은 대학 전공 수업 때였지만, 전염성과 위험성을 이해하기 위해서는 중세 흑사병에 관한 의학사와 함께 카뮈의 〈페스트〉를 읽으라고 권유하던 교수의 이야기가 생각난다.

소설은 전후 혼란한 시기에 프랑스 식민지 알제리의 해변 도시 오랑에서 페스트가 창궐하여 많은 시민이 희생되고, 그들 스스로 극복하는 과정을 담고 있다. 무능한 정부는 쥐 사체를 수거하여 화장하고, 지역 통제와 폐쇄 이외는 아무런 대책을 세우지 못한다. 당시 보건·의학 수준은 지금처럼 높지 않았지만, 역학적으로 관리할 수 있는 어느 정도의 이론적 기반과 세균을 진단할 수 있는 기술이 있었고, 페니실린과 같은 유효한 약제도 있었다. 그런데도 상황은 날로 악화하고, 페스트의 유형도 멍울에서 폐장성肺臟性으로까지 확장하게 된다.

소설은 5부로 구성되어 있다. 카뮈는 각 부에 제목을 붙이지 않았으나 읽으면서 내용을 정리하고 주제를 붙여가며 줄거리를 따라가면 된다. 소설은 페스트 발병 후, 초기, 중기, 말기와 그 이후 등 다섯 꼭지로 나누어 볼 수 있다.

소설에는 여섯 명의 주요 등장인물이 나온다. 연대기 서술자이자 의사인 베르나르 리유, 존경받는 파늘루 신부, 파리의 신문기자 레몽 랑베르, 하급 공무원 그랑, 과거의 범죄를 숨기고 있는 코타르, 화자이자 지식인인 장 타루가 그들이고, 그 외에도 리유의 머머니와 아내가 있다.

1부: 오랑시에 페스트가 발병하기 시작할 때

의사 리유는 진찰실 앞 계단에서 비틀거리는 쥐를 보고 범상치 않은 상황을 예감하고 수위 영감 미셸과 대화한다. 전문가와 비전문가의 눈에 비친 쥐의 사체는 서로 다른 생각을 하게 한다. 처음에는 한두 마리 쥐가 경련을 일으키거나 피를 토하며 죽었지만, 시간이 지나자 그 수가 기하급수적으로 늘어나 때와 장소를 가리지 않고 확산한다.

마침 아랍인의 생활환경을 취재하러 오랑에 온 파리 신문사 기자 랑베르는 이곳저곳에서 본 수많은 쥐 사체를 통하여 보건 상태에 관한 기삿거리를 얻고자 리유를 찾으며 상황을 공유한다.

쥐의 사체가 넘쳐나자 불쾌감은 점차 두려움으로 바뀌고, 시민들은 당국에 근본적인 대책을 요구한다. 쥐의 사체를 수거하기 시작하자 일시적으로 길거리에서 그 수가 줄어든다. 당국은 돌연 그 현상이 멎었다며 시민들을 안심시키려 하나 전염병은 확산한다. 며칠 사이 빠른 속도로 사망자가 증가하자 리유는 도시 전역에 페스트가 퍼진 것을 직감하나 신문은 그런 사실조차 다루지 않고, 당국도 이미 페스트가 퍼진 것을 알고 있다. 그 이유는 날로 늘어나는 사망자 수만 보아도 결과는 명백하기 때문이다.

'자라 보고 놀란 가슴 솥뚜껑 보고 놀란다'는 속담처럼. 중세 흑사병의 두려움을 알고 있는 당국은 '페스트'가 가져올 두려움 때문에 발병 초기엔 '전염병이라 하기 미미한 열병이 돌고 있으나 걱정할 수준이 아니다'라며 불안한 민심을 달래려 한다. 그러나 걷잡을 수 없을 정도로 확산하자 결국 당국은 페스트를 선언하고 도시를 폐쇄한다. 이처럼 무엇이 올바른 판단인지를 구별하지 못한 당국은 '페스트'란 이름이 갖는 공포감 때문에 명칭 사용을 주저하지만,

의사 리유는 표현에는 관심을 두지 않고 성실하게 페스트 환자를 진찰하고 치료한다.

2부: 페스트 확산 초기 큰 혼란에 빠진 오랑 시민과 당국

시민들은 공포의 전염병에서 하루빨리 벗어날 수 있도록 당국에 도움을 요구하나 뾰족한 수가 없다. 매우 급한 상황이 지속되자 그들은 처하고 있는 실상을 스스로 받아들이고, 점차 폐쇄된 도시에서 느끼는 상황에 익숙해진다. 그리고 두려움과 고통에 찌든 일상을 극복하고 받아들이며, 하루하루 질곡桎梏의 삶과 마주한다. 어떤 날은 이유 없이 괴로워하고, 또 다른 날은 사소한 것에 기뻐하며, 희뿌연 골계미가 드리운 일상에서 막연한 희망과 기대를 품는다. 하지만 사랑하는 이를 떠나보내며 마주한 이별은 그들에게 지울 수 없는 고통을 주고 상황도 점점 악화된다.

타루와 그의 동료들은 상황을 예리하게 분석한 후, 무능한 오랑시 당국과 보건위생과의 페스트 대응이 잘못되었다고 비판한다. 그리고 그들은 자신들이 자원 보건대를 조직하여 시민들에게 페스트에 대한 인식을 바르게 심어주며, 페스트는 단순히 의료진과 정부 조직만의 골칫거리가 아니라 시민 모두의 문제라는 사실을 알린다.

리유는 매일 왕진할 때 살려달라고 외치는 환자들, 자신을 붙잡고 눈물로 호소하는 가족들을 만나며 의사의 역할을 다한다. 비관적인 일상에서 희망이나 동정을 꿈꿀 수 없는 깊은 시름 속에 공허한 상태가 된다.

사랑하는 연인이 있는 파리로 돌아갈 시기와 방법을 놓치고 발목이 잡힌 신문기자 랑베르는 리유와 타루로부터 도움을 요청받지만, 자신은 "페스트와 오랑과는 무관하다"며 격노한다. 하지만 아내가 몸이 아파 요양소에 있어도 보살필 틈도 없이 병마와 싸우고 있는 리유를 보면서 자원봉사대에 남아 돕기로 한다.

한편 페스트를 신이 내린 형벌로 생각하는 파늘루 신부는 불안과 고통에서 벗어나기 위해 신께 의지하도록 권유한다. 나아가 페스트로 인한 불행은 인간이 저지른 결과로 겪어 마땅하고, 반성할 기회가 왔으므로 이 처참한 상황에서 벗어나기 위해서는 기도해야 한다고 설교한다.

평범하기 그지없는 하급 공무원 그랑의 아내 잔은 "당신을 사랑했으나 피곤하다. 떠나는 것이 기쁘지는 않다"라는 모호한 편지를 남기고 그의 곁을 떠난다. 그랑은 폐장형 페스트에 걸려 기적같이 목숨을 건진 아내에게 편지를 보내며 사랑의 충만함을 느낀다.

암매매상 코타르에게 페스트는 역설적으로 새로운 삶의 기회를 가져다준다. "어쨌든 단 한 가지 명백한 것은, 우리가 페스트를 옆에 두고 살게 된 날부터 나는 훨씬 살기 좋아졌다는 것입니다", "그뿐만 아니라, 난 말이죠, 페스트 안에 있는 게 더 편안해요. 그런데 왜 내가 그것을 저지하는 데 끼어들어야 하는지 알 수 없군요"라는 말에서 매몰찬 한 인간의 박정薄情함을 본다. 그는 암거래를 통하여 이득을 취하고, 다른 사람이 고통으로 신음하고 있을 때 오랑은 그에게 삶을 이어갈 수 있는 도피처 역할을 한다.

시민들은 활기에 찼던 시내 분위기가 사라지자 점차 이성을 잃어 간다. 시외로 도망치려는 사람, 고립으로 생긴 권태로움, 의심, 불신 등 여러 감정이 뒤섞인 불안으로 한층 더 깊은 혼돈에 빠진다.

3부: 시민들 삶 속에 깊숙이 파고든 페스트

한밤중 사이렌 소리는 저기에 실려 가는 사람이 내가 될 수도 있다는 경각심을 갖게 하고, 다른 한편으로는 그들보다는 자신이 더 나은 처지에 있다는 부질없는 희망을 품게 한다. 하지만 오랑은 페스트 창궐 이후 삶과 죽음이 공존하며 살아도 산 것이 아니라고 느낄 정도로 공포에 사로잡힌다.

리유의 예견처럼 페스트를 박멸시키겠다고 집을 불태우고 타는 집에 뛰어드는 사람이 있는가 하면 폭력과 절도, 수많은 죽음 앞에 무감각해지거나 먹고살기에 바쁜 사람 등 도시에는 이성을 상실하였거나 미친 사람만 남게 된다. 이처럼 그들에게서 행복과 희망은 사라진 지 오래고, 오로지 이 순간을 살기 위하여 몸부림친다.

수많은 사람이 죽자 장례가 간소화되고 아예 폐지되다시피 한다. "환자들은 가족과 멀리 떨어진 곳에서 죽었고 밤샘 의식은 금지되었으므로, 결국 저녁나절에 죽은 사람은 송장이 되어 혼자 밤을 넘기고, 낮에 죽은 사람들은 지체 없이 매장되었다"는 소설 속 이야기처럼, 죽은 자에 대한 전통적 존경과 의식은 사치처럼 인식되고, 신부가 간단한 기도와 성수채를 흔들면 이미 시체는 집단 묘지 구덩이 바닥에 놓인다. 매장은 개인별로 하는 것이 아니라 남녀노소 구분 없이 한 구덩이에 묻힘으로써 무리죽음의 마지막 현장은 삭막함을 넘어 지옥이다.

4부: 페스트의 절정과 시민들의 무관심

시민들은 페스트에 관한 뉴스나 보도에 관심을 두지 않고 자신의 일에만 몰두한다. 그뿐만 아니라 그동안 페스트와 맞서던 리유, 그랑, 타루, 랑베르도 자신들이 지쳤음을 안다. 그리고 시민들도 점점 위생 규칙을 소홀히 하고, 서로 가까이하고 싶어 하면서도 경계하는 역설적인 모습을 보인다.

병마와 싸우다 지친 한 어린아이를 지켜보던 파늘루 신부는 무릎 꿇고 "하느님이시여, 제발 이 어린애를 구해주소서!" 하며 기도하나 죽음을 막지 못한다. 옆에서 임종을 지켜보던 리유도 의사의 소임을 다 하지 못한 깊은 자괴와 허무에 빠진다.

줄곧 하느님을 믿으면 페스트라는 악마로부터 구원받을 수 있다고 하던 파늘루 신부가 어느 날 설교 후 병상에 눕게 된다. 리유가 진찰하고 놀란 것은 페스트의 중요 증상은 없으나 회생할 수 없다는 것을 안다. 그는 밤사이 세상을 떠났고 이튿날 리유는 사인을 '병명 미상'이라고 진료 카드에 적는다.

임종 전날 파늘루 신부는 자기 몸에 가해지는 치료에 대해서 마치 물건처럼 자신을 내맡기나 십자가는 끝내 놓지 않는다. 그는 현실의 불행에 침묵하는 하느님에 대해 저항하지 않고 죽음을 받아들인다. 즉 병든 육신은 의사에게 맡기고, 영혼은 신께 의탁한 성직자의 자세다. 리유는 그의 믿음에 대한 마지막 예의로 병명을 적는다.

5부: 페스트의 약화와 희망

페스트의 기세가 이성적으로 기대했던 것보다 더 빨리 약화한다. 고통 속에 죽은 자는 떠났고, 병세가 꺾이자 산 자의 마음 깊은 곳에는 희망이 꿈틀거린다. 하지만 그들은 여전히 페스트를 기준 삼아 산다. 화자의 이야기를 옮기면 이렇다.

타루는 그 당시의 장면을 기록해 놓고는 곧 자기의 피로감을 언급했다. 덧붙여 자기에게는 아직도 할 일이 많이 남아 있으며 그렇다고 해서 마음의 준비를 게을리해서는 안 된다고 적은 다음 과연 자기는 마음의 준비가 되어 있는가를 자문했다. 끝으로 낮과 밤의 어떤 시간이 되면 인간이 비겁해지곤 하는데 자기가 두려워하는 것은 바로 그 시각이라고 그는 대답 대신 적어 놓았다. 타루의 수첩은 여기서 끝나 있었다.

결국 타루도 독백 같은 안타까운 글을 남기고 페스트로 세상을 떠난다. 리유도 그동안 수많은 아픔과 마주한 고통 속에서 아내 사망 소식까지 듣는다. 그는 두 사람의 죽음을 결코 쉽게 잊을 수 없지만, 담담하게 받아들인다.

어두침침한 항구로부터 공식적인 축하의 첫 불꽃이 솟아오르고 온 도시는 함성을 지른다. 그리운 사람들을 만나 얼싸안고 기쁨의 눈물을 흘리고, 언제 페스트가 존재하였냐는 듯 도시는 활기찬 모습으로 출렁인다. 그러나 리유는 페스트가 영원히 사라진 것이 아니고 언젠가는 돌아온다며 객관적인 기록을 남긴다.

"의사 리유는, 입 다물고 침묵하는 사람들의 무리에 속하지 않기 위하여, 페스트에 희생된 그 사람들에게 유리한 증언을 하기 위하여, 아니 적어도 그들에게 가해진 불의와 폭력에 대한 추억만이라도 남겨 놓기 위하여, 그리고 재앙의 소용돌이 속에서 배운 것만이라도, 즉 인간에게는 경멸해야 할 것보다는 찬양해야 할 것이 더 많다는 사실만이라도 말해 두기 위하여, 지금 여기서 끝맺으려고 하는 이야기를 글로 쓸 결심을 했다." 이렇게 리유는 모든 슬픔을 넘어서 자신이 그들과 통한다는 것을 느낄 수 있다.

마치며

소설에서 페스트가 창궐한 오랑시는 도시 전체가 폐쇄되고, 시민들은 한순간 기쁨과 행복을 모조리 잃어버렸으며, 그들은 삶에 대한 희망을 잃고 자포자기하며 공포의 나락에 떨어진다. 소설에서 페스트는 무엇을 상징하는가. 소재에서 보듯이 페스트는 고통, 질병, 죽음, 이별, 전쟁, 독재, 절망, 허무 등이다.

카뮈의 이런 상황 설정에서 독자는 삶과 죽음, 자유와 부자유, 인생의 허무와 비극, 부조리한 삶, 반항과 투쟁, 삶의 현재성과 미래의 희망, 비극적인 운명에 대한 반항 등의 주제를 찾을 수 있다. 그리고 무서운 전염병 페스트의 실체, 도덕적 관습과 종교, 악습의 폐단과 일상의 습관, 위험이 도사리는 폐쇄된 도시의 비참한 상황과 당국의 허위에 대한 반항을 소재로 삼았다.

소설을 쓴 1940년대 시대적 상황을 바탕으로 들여다보면, 페스트는 프랑스를 전쟁 소용돌이 속으로 몰아넣은 나치스 침략의 상징이고, 페스트 극복은 파리의 해방을 의미한다. 이 과정에서 리유와 그의 동료들은 인간의 자유와 존엄을 지키려는 투쟁인 프랑스 민중 저항운동 레지스탕스의 상징이다.

카뮈는 '타자에 대한 사랑'이란 큰 주제를 소설에 담고 있다. 사랑을 설파한 것은 존경받는 파늘루 신부이었고, 실천한 것은 리유와 그의 동료들이다. 하지만 페스트 공포에서 벗어난 것은 리유를 포함한 시민의 노력이라기보다 자연현상으로 설정되었다. 그렇다면 카뮈 자신이 제2차 세계대전 중 저항운동에 참가하였고,《콩바》지紙 주필로 레지스탕스의 필봉筆鋒을 들었는데, 민중 저항운동의 한계를 의미한 것인가.

카뮈는 〈페스트〉에도 세계의 부조리에 반항하는 인간은 지성에 뿌리를 둔 연대를 통하여 행복을 얻는다는 자신의 철학을 담았다. 그리고 부조리한 세상에 사는 인간은 그 재앙 같은 불합리한 것에 저항해야 한다는 것을 말하며, 페스트는 절대 죽지 않고 사라지지도 않으며 언젠가 다시 온다는 것과 '생각하는 대로 살지 않으면 결국 사는 대로 생각하게 되는' 삶의 교훈을 독자에게 들려준다.

카뮈는 이 소설을 처음에는 '감옥les prisonniers'이나 '이별les separe'로 하려다가 중심 상황으로 설정한 소재인 〈페스트〉로 정하였다고 한다. 그리고 그는 이듬해 이 소설의 주제를 극화한 희곡 〈계엄령〉을 발표하였다.

또 기다린다, 그가 오는 그날까지
- 사뮈엘 베케트, 〈고도를 기다리며〉

부조리극을 살피며

사뮈엘 베케트의 부조리 희곡 〈고도를 기다리며En attendant Godot〉는 누구나 한 번쯤 읽은 작품이다. 학창 시절 이 작품을 처음 읽을 때, 블라디미르와 에스트라공은 '50년 동안 오지 않는 고도 Godot를 왜 기다리고, 고도는 도대체 누구란 말인가'라는 부조리극의 늪에 빠져 허우적거렸다.

부조리극은 1920년대 유럽과 미국을 중심으로 비합리적이고 비도덕적인 문예사조로 등장한 다다이즘과 초현실주의 영향을 받았고, 1950년대 프랑스 중심으로 일어난 전위극에 많은 영향 미쳤다. 다다이즘은 1차 세계대전 영향으로 과거 전통을 부정하고, 비합리주의적 사고를 내세우며, 일종의 허무 의식과 이어지는 무의미의 예술을 추구한다. 지금은 3무(무체계, 무절제, 무의미)의 예술이라는 평가와 함께 한 시대 암울한 회의주의와 인간 정신을 구원하고자 하는 역설적 의지의 표현이라는 해석도 한다.

모더니즘 시대의 최후라고 일컫는 부조리 문예사조는 '부조리 철학'을 문학에 도입한 카뮈의 〈시지프 신화〉에서 출발하여 〈반항적 인간〉으로 이어진다. 하지만 부조리 문예사조는 비이성적이고 자기 모순적인 등장인물의 성격과 의사소통 혼란, 사용하는 언어가 과연 인간의 의사를 제대로 표현할 수 있는가를 의심하는 대사가 이어진다. 그리고 인간은 절망과 혼동, 불안과 공포를 느끼고 있는 버려진 존재로 묘사된다.

부조리극은 시대적으로 제2차 세계대전 직후 프랑스 중심으로 서유럽 예술가와 부르주아 사이에 폭넓게 퍼졌던 회의주의와 시대적 공황으로 방황하는 젊은이에게서 느낄 수 있다. 이 작품도 베케트가 2차 대전 당시 겪은 피신 생활 경험이 밑바탕이 되었다.

배경과 주제

아일랜드 출신인 베케트는 1939년 제2차 세계대전이 발발하자 중립국 국민 신분으로 프랑스 친구의 레지스탕스 활동을 도왔다. 그러나 그 단체가 나치에 발각되자, 그는 독일군 비점령 지역인 프랑스 남부 보클루즈로 피신하여 숨죽여 지냈다. 그때 그가 할 수 있는 일이라곤 작품 속 두 주인공이 언제 올 줄 모르는 고도를 기다리는 것처럼 하루빨리 전쟁이 끝나길 기다리는 것뿐이었다. 베케트는 그때 숨어 지내며 일상의 체험에서 얻은 사실적 요소인 '기다림'을 중심으로 극의 구성을 극도로 단순화하여 새로운 스타일의 희곡 〈고도를 기다리며〉를 1949년경에 발표하였다. 이 작품은 인간 삶에서 보편적 가치인 '기다림'이라는 단순한 소재를 주제로 삼았으나, 기다림의 난해한 대상인 '고도'를 통하여 부조리극의 극치를 보여준다. 이 작품은 베케트가 프랑스어로 원작을 썼고, 영어본은 원작 발표 후 번역한 것이다.

희곡은 1, 2막으로 구성되고, 등장인물은 블라디미르와 에스트라공, 포조와 럭키, 고도의 전령을 자처하는 소년, 그리고 실체 없이 등장하는 고도가 있다. 줄거리의 중심 주제는 '기다림'이라고 할 수 있지만, 그 실체가 누구인지도 알지 못한다. 희곡에는 고도를 기다려야 한다는 말을 끊임없이 반복하면서 두 주인공에게 기다림의 당위성을 부여한다.

구성과 줄거리

줄거리는 제1막에서 나무 한 그루뿐인 삭막한 시골길에서 부랑자처럼 생활하는 블라디미르와 에스트라공이 '고도'와의 약속을 지키기 위해 무작정 기다리고 있다. 그러나 그들은 기다리는 장소와 시간이 맞는지, 그리고 누가 고도인지 알지 못한 채 막연히 기다린다. 고도를 기다린 세월은 이미 50년이 지났으나 그는 나타나지 않았고, 그들에게 기다림은 습관이 되어버렸다.

　작품 속 대화는 지루하고 마치 허튼소리처럼 들리고, 대화는 동문서답하는 식의 허무하고 피상적인 이야기로 전개되지만, 그들이 고도를 기다리는 것만은 확실하다. 그러던 중 포조와 그의 짐꾼 럭키가 등장하는데, 그들과의 대화에서도 역시 두서없고 알맹이가 없는 무의미한 대화만이 오갈 뿐이다. 그러던 하루 심부름하는 양치기 소년이 그들 앞에 나타나 "고도는 내일 온다"는 사실을 전해주며 막을 내린다.

　제2막에서도 비슷한 내용의 대화가 그대로 반복되고, 사라졌던 포조와 럭키가 다시 등장한다. 포조는 시각장애인이 되고 럭키는 농인이 되어 나타난다. 이 부분에서는 1막과 2막 사이에 상당한 시간이 흘렀음을 암시하고, 블라디미르와 에스트라공도 역시 오랜 시간 고도를 기다렸음을 상징한다.

　해 질 무렵 1막에 등장한 소년인지는 알 수 없지만, 고도의 전령인 한 소년이 다시 등장하여 "고도가 오늘은 못 오고, 내일은 꼭 온다"라는 전갈을 전하나 블라디미르는 양치기 소년에게 화를 내며 쫓아버린다.

　잠에서 깬 에스트라공은 고도가 왔는지 묻지만, 오지 않은 사실을 알고는 블라디미르에게 차라리 멀리 떠나자고 제안한다. 그는 내일도 고도를 만나려면 여기로 와야 한다고 상기시켜 준다. 하지만 다음날에도 고도는 오지 않았다. 에스트라공은 나무를 쳐다보며 "우리 당장 목이나 매자" 하며 허리끈으로 자살하려 한다. 둘은 끈이 단단한지를 확인하기 위하여 잡아당기다 끊어져 버려 자살도 하지 못한다. 그리고 두 사람은 내일은 꼭 튼튼한 줄을 가져와 고도가 오지 않으면 목을 매자고 다짐하였다. 그들은 움직이지 않고 막이 내린다.

끝 장면은 독자가 상상하도록 움직이지 않는 상황을 연출하지만, 흐름으로는 결국 스스로 죽음에 이르렀다는 것을 깨닫게 하는 것으로 기다림 속에 지친 인간 존재의 부조리성을 보여준다.

등장인물 살펴보기

주인공인 블라디미르와 에스트라공 두 인물에 대한 시각적·물리적인 설명은 전혀 없다. 단지 대화 내용을 보면, 블라디미르는 자살을 생각하는 장면에서 에스트라공보다 더 냉정하고 무겁다는 생각이 든다. 전체적으로 볼 때, 블라디미르는 인간의 지성적인 면을 상징하고, 고도가 나타나 자신들을 구원해 줄 것이라고 믿으며, 에스트라공이 떠나자고 할 때마다 그는 고도를 기다려야 한다는 것을 상기시킨다. 에스트라공은 블라디미르와 반대로 단순하고 감정적인 비관론자 같다. 기억력도 좋지 않고, 어제 일어난 일이나 만난 사람조차 전혀 기억하지 못하여 블라디미르에게 물어볼 때, "할 수 있는 것은 아무것도 없어Nothing to be done"라고 하는 것을 보면 블라디미르와 대비된다.

지주인 포조는 짐꾼 럭키를 데리고 등장하여 두 주인공과 대화를 나눈다. 이때 포조는 권위적이고 멋 부리기 좋아하며, 짐꾼 럭키를 노예 부리듯 채찍질하는 잔인한 인물이다. 그는 자신의 짐과 트렁크를 들고 있는 럭키를 목줄로 끌고 다닌다. 짐꾼 럭키는 포조와 함께 등장한 정황상 포조의 짐을 들고 다니는 노예이다. 주인이 "생각해!"라는 명령에는 단조로운 어조로 미완성의 생각을 장황하게 이야기한다. 이처럼 럭키는 주인의 명령에 무조건 복종하는 모습으로 등장한다.

작품을 이해하기 위해서는 두 주인공의 대화에서 희곡의 주제를 찾아야 한다. 에스트라공은 계속해서 떠나자고 재촉할 때, 블라디미르는 "고도를 기다려야지" 하며 '기다림'의 당위성을 주장한다. 이 대사는 작품 속에 수없이 등장하는데, 베케트는 고도를 기다려야 하는 상징성을 강조하고 있다.

명대사 살펴보기

작품 속 명대사를 살펴본다. 고도를 기다리다 지친 에스트라공이 그 고통에서 벗어나기 위하여 "우리 당장 목이나 매자"라는 대사에서는 자살을 통해 현실적인 고통에서 벗어나려는 몸부림으로 볼 수 있다. 하지만 블라디미르는 그래도 고도를 기다려야 한다고 에스트라공을 다독인다. "아무도 오지도, 가지도 않고, 아무 일도 일어나지 않고, 정말 끔찍해" 하는 에스트라공의 대사에서는 두 주인공이 처한 삭막한 현실을 있는 그대로 보여주는 명장면이다.

그리고 "이 세상의 눈물의 양은 정해져 있지. 누군가 울기 시작하면 다른 누군가는 울음을 멈추겠지. 웃음도 마찬가지야" 하는 포조의 대사에서는 인간은 자신이 한 행동의 대가로 고통이나 즐거움이 주어지는 것이 아니라, 세상 이치에 따라 무작위적으로 주어진다는 것으로 인간이 처한 부조리한 상황을 상징하는 것이다.

2막에서 포조가 오늘도 오지 않는 고도를 기다리고 있는 블라디미르와 에스트라공에게 누구냐고 묻자, 블라디미르는 "우리는 인간이요" 하는 대사에서 변함없이 고도를 기다리는 두 주인공의 삶은 인간의 근본이라는 것을 의미한다.

"산모는 무덤에 앉아 출산을 하고, 빛은 잠시 동안 비추고, 곧 밤이 다시 오지" 하는 포조의 대사는 산모가 무덤에 앉아 출산한다는 것은 태어나자마자 죽게 된다는 의미로 우주의 시간으로 보면 찰나와 같은 인간 삶을 비유적으로 표현한 것이다.

"습관은 우리의 모든 이성을 무디게 하지"라는 블라디미르의 대사는 두 주인공이 오지 않는 고도를 기다리는 행위를 반복함으로써 그들에게 기다림은 습관이 되었지만, 인생에서 기다림은 이성이 무디어져 습관을 넘어 삶의 가치가 되었다는 것을 말한다.

작품 들여다보기

작품은 1953년 1월 5일 파리 바빌론 극장Théâtre de Babylone에서 연극으로 초연하자, 일반인은 물론이고 연극평론가까지도 '무슨 내용인지 도무지 이해가 안 된다'는 혹평에 시달렸다. 작품 속 '고도는 누구이고 무엇을 의미 하는가'라는 수많은 견해와 질문에 대하여 베케트는 자신도 무엇인지 모른다고 하였다. 이 작품은 베케트의 대표작이고, 부조리극의 대명사로 자리 잡았다. 그는 이 작품을 발표한 이후 1969년에 노벨문학상을 받았다.

작품 속 고도는 누구인가. 고도는 영어의 God와 프랑스어의 Dieu를 합성한 단어로 고도Godot를 '신'이라 하는 이도 있고, 교도소에 갇힌 이들은 '자유'로 받아들이기도 하였다. 베케트는 "이 작품에서 신을 찾으려 하지 말라"며 부정적인 뉘앙스의 발언을 남겼다. 이처럼 작품을 읽은 사람은 누구나 이 명제 앞에서 고민한다.

베케트의 작품 평론집을 낸 콜린 덕워스Colin Duckworth는 어느 날 베케트를 만나 포조가 고도인지를 물었으나, 그는 "아니오, 텍스트에 암시되어 있습니다. 사실 포조는 아닙니다"라고 단호하게 대답했다. 그렇다면 작품 속 고도는 누구란 말인가. 아마도 베케트는 독자 몫으로 남겨놓았고, 고도 때문에 작품은 읽으면 읽을수록 미궁에 빠진다. 고도의 정체는 지금도 논쟁 중심에 있다. 신, 구원, 죽음, 진리, 찬란한 순간, 이룰 수 없는 희망 등 다양한 것을 떠올릴 수 있다.

작품은 베케트가 1940년대 후반에 창작하여 1953년에 발표한 작품으로 인간의 삶을 단순한 '기다림'으로 정의하고, 끝없는 기다림 속에 나타나는 인간 존재의 부조리성을 보여준다. 마치 알베르 카뮈의 〈시지프 신화〉에서 신의 형벌을 받아 평생 바위를 산 정상을 향해 밀어 올리고, 아래로 떨어지면 또 밀어 올리는 시지프처럼 두 부랑자 블라디미르와 에스트라공은 50년 동안 오지 않는 고도를 무작정 기다리는 실존의 부조리성을 나타낸다.

이 작품은 전통적인 사실주의 극에 반기를 든 전후 부조리극의 고전이다. 작품은 현대극의 흐름을 바꾸어 놓았고, 베케트가 떠난 21세기에도 부조리극의 고전으로 칭송받는다. 종이책에서는 베케트의 문체를 따라 상상하며 고도를 찾아 작품에 몰입해야 하지만, 실제 연극에서는 연출자가 다양하게 각색함으로 그 묘미를 색다르게 느낄 수 있다.

백년의 고독에 빠지다
– 가브리엘 마르케스, 〈백년의 고독〉

들어가기

　제3세계 문학 시대를 연 가브리엘 가르시아 마르케스Gabriel Garcia Marquez의 대표작 〈백년의 고독Cien Años de Soledad〉을 통하여 라틴 아메리카 문학작품을 처음 접했다. 그는 콜롬비아 출신으로 1982년 노벨문학상을 받았다.
　고전 읽기 모임에서 누군가 이 소설을 처음 읽으려면 읽기 전에 먼저 마술적 사실주의라는 새로운 문학 기법을 어느 정도 이해하는 것이 좋다는 충고에 따라 자료 조사를 하고 읽었으나 이해하기가 어려웠다. 사실을 환상으로, 환상을 사실로 둔갑시키는 마술적 사실주의에서 〈백년의 고독〉을 읽다 보면, 소설을 읽는 것이 아니라 신비스러운 라틴아메리카 문화와 그들 역사에서 헤어나지 못하고 책 속에서 유영하는 느낌에 빠진다.

소설에서 그들의 전통은 마술적 사실주의로 가득한 미스터리로 채워져 있다. 사실적 이야기는 환상적 분위기와 그늘진 이면에 가려져 있는 고독한 진실로서 라틴 아메리카의 암울한 현실이 담겨 있다. 비이성적인 혈연관계를 가진 '호세 아르까디오 부엔디아' 가문은 가계도를 옆에 두고 읽어도 때로는 혼동할 정도로 생소하거나 같은 이름을 가진 인물이 등장한다. 그리고 신화적인 사연은 그냥 읽을 수밖에 없더라도, 이성적 가치에 벗어난 그들의 실상이 마술적 허구 사이를 오가며 묘사한 〈백년의 고독〉은 한 번 독해로 이해하기는 결코 쉽지 않았다.

2015년 중남미 6개국을 여행하며 라틴아메리카 문화를 처음 접했고, 2016년 고전 읽기 모임에서 중남미 문학작품으로 〈백년의 고독〉을 처음 읽었다. 마르케스 작품의 생소하고 신비한 마력에 빠져 〈썩은 잎〉과 〈아무도 대령에게 편지하지 않다〉도 읽었다. 그 후 Covid-19 팬데믹으로 지구촌 여행이 막히기 직전 아내와 같이 쿠바와 멕시코를 여행할 때 다시 읽고, 작품 구성과 흐름을 조금 이해하였다.

〈백년의 고독〉은 7대에 걸친 호세 아르까디오 부엔디아 가문의 삶을 담고 있는 대하소설이다. 작품에는 헷갈릴 정도로 여러 명의 동명이인과 기억하기도 쉽지 않은 생소한 이름이 등장한다. 마르케스는 이들의 개성 있는 캐릭터와 얽혀 있는 삶과 사건을 엮어 20

장으로 나눠 전개한다. 환상적이면서도 신화 같은 이야기를 당시 콜롬비아에서 발생한 역사적인 사건과 결부 지어 함께 녹여냄으로써 진지함이 담겨있다.

소설의 흐름은 100년 동안 한 가문의 삶이 녹아 있는 이야기다. 구성과 전개에서는 사실과 신화적 요소를 가미한 허구가 뒤섞여 있어 줄거리 파악이 쉽지 않아 등장인물 중심으로 작품의 흐름을 살펴본다.

등장인물 이야기

호세 아르까디오 부엔디아: 근친상간으로 사촌인 우르술라 이구아란과 부부의 연을 맺으면서 시작한다. 어느 날 호세 아르까디오는 자신이 사촌과 가정을 이룬 것을 조롱한 친구 푸르덴시오 아길라르를 죽이게 되고, 이로 인해 꿈에 나타난 유령에게 계속 시달린다. 그는 40명의 젊은이와 함께 낯선 '마꼰도'로 이주하여 마을을 세우고 지도자가 된다.

호세 아르까디오는 대를 이어갈 자손을 낳고, 마을은 도시로 발전하였으나, 은둔 생활은 오래가지 못한다. 마을이 커져 외부 접촉이 빈번해지면서 한 무리 집시와 그곳을 찾은 멜키아데스를 통하여 호세 아르까디오는 태동하고 있는 과학에 눈을 뜬다. 그는 황금을 두 배로 늘릴 수 있다는 멜키아데스 말을 듣고 연금술에 빠져든다. 종국에는 밤나무에 묶인 채 먹고 자며 자기만의 정신세계에 빠져 허우적거리다가 결국 고독한 죽음을 맞는다. 하지만 그는 아우렐리아노 부엔디아 대령이라는 걸출한 인물의 아버지다.

우르술라 이구아란: 호세 아르까디오의 아내로 근친상간의 출발점이다. 우르술라 이구아란은 마꼰도의 이브 같은 존재로 남편이 연금술에 빠져 돈을 탕진하고, 차남 부엔디아 대령이 전쟁에 참전하여 집안이 어려움에 부닥치자, 그녀는 동물 모양 과자를 만들어 팔아 생계를 유지한 여장부다. 우르술라는 늙어서도 집안을 지키려고 몸부림치나 치매에 걸리고 실명까지 한다. 죽기 직전에는 몸이 씨앗만 하게 쪼그라들어서(마술적 사실주의 묘사) 고독하게 죽는다. 그녀는 부엔디아 가문에서 가장 장수한 인물로 아우렐리아노 탄생까지 본다.

오래 살다 보니 우르술라는 어느 날, 유령이 되어 나타난 남편을 만나 종종 신세 한탄을 한다. 다른 가족은 유령을 볼 수 있으나 부엔디아 대령은 보지 못한다. 하루는 대령이 아버지 유령이 밤나무 밑에 있는 걸 못 보고 오줌을 눠서 불평하는 장면도 있다. 이처럼 유령과 우르술라의 대화는 냉혹한 마음에 대한 암시로 마술적 사실주의로 묘사한다.

호세 아르까디오(2세): 호세 아까르디오 부엔디아 집안의 장남으로 어릴 때 집시 소녀에게 반해 말없이 마을을 떠난 후 여러 곳을 여행한다. 그 후 그는 집으로 돌아와 괴력남을 자처하며 창녀들과 문란한 생활을 하다가 피가 섞이지 않은 여동생인 레베카가 약혼자와 헤어지자 곧바로 그녀와 결혼한다. 그 후 호세 아르까디오는 느닷없이 어느 날 자살인지 타살인지 모를 고독한 죽음을 맞이한다. 그의 피는 여러 곳을 돌고 돌아 우르술라 발 앞까지 흘러들자 그녀는 붉은 피를 보고 아들 죽음에 통곡하는 장면이 장황하게 마술적 기법으로 묘사된다.

아우렐리아노 부엔디아: 차남인 그는 제1권의 실질적인 주인공으로 마꼰도 시장의 막내딸과 결혼하여 그의 사위가 되었다. 그러나 장인이 저지른 불법 선거에 반발하여 반정부 활동에 참여한다. 그 후 수많은 전투에 참전하고, 전투를 치르는 곳곳에서 만난 17명의 여인으로부터 17명의 자식을 낳는다. 파란만장한 여성 편력을 가지고 있다. 자식들은 모두 죽음을 맞는다.
  어머니 우르술라의 이야기를 빌리면, "그는 태어났을 때도 울지 않고 주변을 침착하게 둘러보았고, 노려보는 것만으로도 의자를 움직이는 일종의 초인적인 면모를 가진 인물"이라며 아들을 마술적 표현으로 묘사한다. 부엔디아 대령은 가문에서 대외적으로 가장 잘 알려진 인물이고, 반정부군 사령관으로 수많은 전투에 참전한다. 그러나 그는 동료들의 의견을 무시하고 보수파에게 일방적으로 항복하여 비난받고, 마꼰도 파멸에 한몫한다. 나중에 항복이 잘못된 것을 알고 부패한 정부에 다시 반기를 들려고 하여도, 그를 따르던 전우들이 이미 정부조직에 흡수되거나 제거된 후라 누구의 도움도 받을 수 없는 외톨이 처지가 된다.

그 후 그가 할 수 있는 일이라고는 아무 데도 가지 않고 오직 방에 갇혀 금화를 녹여 금물고기를 만들어 팔고, 받은 금화를 다시 녹여 금물고기를 만들며 쓸쓸한 여생을 보낸다. 어머니 우르술라는 부엔디아 대령을 본디 타인에게 애정을 줄 줄 모르는 차갑고 내성적인 인물로 묘사한다. 몇 년의 세월이 지난 뒤, 부엔디아 대령은 총살형을 당하는 형장에 서고, 그때 그는 아버지에게 이끌려 얼음 구경을 갔던 먼 옛날 오후를 떠올리며 고독한 죽음을 맞이한다.

아마란따: 부부의 고명딸인 그녀는 레베카와 크레스피의 결혼을 질투하며 갖가지 방법으로 두 사람 결혼을 방해하나 수포로 돌아간다. 결국 그녀는 레베카를 독살할 계획을 세웠으나, 어린 조카 레메디오스가 그 독을 먹고 죽는 일이 생기자 죄의식으로 깊은 고독의 세계에 빠진다. 오빠 호세 아르까디오가 레베카와 결혼을 하자, 그녀는 바랬던 대로 크레스피로부터 청혼을 받지만, 무슨 연유에서인지 거절한다. 크레스피는 그 충격으로 결국 자살하게 되고, 아마란따는 죄의식과 회한으로 아궁이에 손을 넣어 자해한다.

아마란따는 여생 동안 손에 검은 붕대를 감은 채 누구와도 결혼하지 않고, 부엔디아 가문의 자손들을 돌본다. 그 후 그녀는 어느 순간부터 자기가 입을 수의를 짜기 시작한다. 수의를 다 짜는 날 죽는다는 걸 깨닫고 정말로 수의를 다 짠 날 고독하게 죽는다.

레베카: 친부모가 써준 편지를 가지고 부엔디아 부부를 찾는다. 부부는 편지에 적힌 아이 부모를 전혀 알지 못하나 고민 끝에 양녀로 받아들인다. 레베카는 어릴 때 말을 제대로 안 하거나 흙을 주워 먹는 등 이상한 행동을 보여 골칫덩이였지만, 자라면서 얼굴도 예쁘고 집안 식구와도 잘 동화한다. 그러나 크레스피라는 한 남자를 두고 여동생 아마란따와 연쟁戀爭을 하자 흙 먹는 버릇이 재발한다.

크레스피가 레베카를 선택하면서 일단락되는 듯하였으나, 의붓오빠 호세 아르까디오와 눈이 맞은 레베카는 함께 집을 떠난다. 그녀는 호세 아르까디오와 피 한 방울 안 섞인 사이라 결혼은 문제가 되지 않는다며 안위하지만, 그녀는 남편이 죽은 후 세상과 단절한 채 평생 외롭게 홀로 살다 깊은 고독 속에 죽는다.

아르까디오(3세): 호세 아르까디오(2세)와 점쟁이 창녀 삘라르 메르네라 사이에서 태어났다. 아우렐리아노 부엔디아 대령(삼촌)이 혁명군으로 반란을 일으켜 마을을 떠나자, 그는 시장 겸 지역 사령관으로 마꼰도를 지배하나 잔악무도한 통치로 악명을 떨친다. 아르까디오는 정부군이 다시 마꼰도를 점령할 때, 용감했지만 고독하게 저항하다 붙잡혀 총살당함으로써 부엔디아 가문에서 제일 먼저 사망한 사람이 된다. 그는 유곽 여자 산따 소피아 델 라 삐에닷 사이에서 미녀 레메디오스와 쌍둥이 형제 호세 아르까디오 세군도와 아우렐리아노 세군도를 얻어 부엔디아 가문의 혈통을 잇는다.

레메디오스: 소설에서 미녀 레메디오스로 불린다. 인간 세계의 모든 형식과 틀, 관습과 인습을 초월한 인물로 남을 의식하지 않은 채 알몸으로 집안을 돌아다닌다. 식사도 맨손으로 하는 등 거의 백치 같은 행동을 한다. 엄청난 요부(femme fatale)로 어떤 남자든 이 여인을 한번 보면 죽음을 느낄 만큼 깊은 매력에 빠진다. 실제로 레메디오스에게 연정을 품은 남자는 모두 죽지만, 정작 그녀 자신은 남자에 전혀 관심이 없다.

어느 날 레메디오스는 고모할머니인 아마란따, 올케 페르난다와 함께 마당에서 홑이불을 정리하던 중 이불에 감싸여 고독하게 승천(죽음 암시)한다. 레메디오스의 승천은 마술적 사실주의 묘사의 대표적인 예로 본다.

호세 아르까디오 세군도(4세, 쌍둥이 중 형): 형제는 소설 중반부 주인공이다. 구별할 수 없을 정도로 닮은 쌍둥이 형제는 소년기에 이름 바꾸는 장난이 진짜 이름이 되었다. 하지만 성인이 된 후로는 생김새가 달라져 서로 역할을 바꾸는 장난을 하지 못하게 되자 그들은 바뀐 이름으로 소설에 등장한다.

호세 아르까디오는 미국 자본으로 세운 바나나 농장 감독관이었으나 노동자를 선동하여 파업한다. 정부군은 대포를 동원하여 해결하지만, 그 과정에 많은 희생자가 발생한다. 이 사태로 3천 명의 주민이 목숨을 잃고, 정부의 사건 은폐와 언론통제로 외부에 알려지지 않는다. 운 좋게 살아남아 탈출한 후 시도 때도 없이 혼자 살아남았다고 떠벌리나 가족조차 그의 말을 곧이듣지 않는다.

이후 평생을 멜키아데스가 생전에 연구실로 쓰던 방에서 4년 11개월 이틀간 바깥출입 한 번 없이 은둔하면서 수수께끼 같은 예언이 담긴 양피지 내용을 해독하려 하였으나 성공하지 못한다. 아르까디오는 죽기 직전 아우렐리아노에게 자신이 겪었던 집단학살을 잊지 말라는 말을 남기고 고독한 죽음에 이른다.

아우렐리아노 세군도(4세, 쌍둥이 중 동생) : 복권 장사 빼뜨라 꼬떼스라는 여자의 정부 노릇을 하다가 카니발에서 만난 미녀 페르난다 델 까르삐오에게 반해 결혼한다. 둘 사이에는 아들 호세 아르까디오(5세)와 딸 메메와 아마란따 우르술라가 태어난다. 그러나 아우렐리아노 세군도는 페르난다가 구습에 젖어 꽉 막혔다는 것을 알게 되자 빼뜨라에게 다시 돌아간다. 때마침 그녀 집안에는 가축이 늘어 부를 쌓았으나, 긴 장마로 인한 홍수로 재산이 날아가 곤경에 처한다. 막내딸 아마란따 우르술라를 브뤼셀로 유학 보내면서 가장으로 돈을 버는 것이 어려워지자 학비를 벌기 위하여 복권장사와 가축경매에 매달린다.

그는 모든 부를 잃고 병까지 얻어 시한부 인생을 살게 된다. 그는 창녀에게조차 조롱받는 비참한 꼴이 된다. 빼뜨라와는 정신적으로 교감하며 진정한 사랑을 찾는다. 그 후 쌍둥이 세군도가 한날한시에 고독하게 죽음을 맞는다. 장례식에서는 그들의 친구들이 찾아와 소동을 벌이다가 관이 서로 뒤바뀜으로써 죽은 뒤 둘은 원래 이름으로 돌아간다.

호세 아르까디오(5세): 아우렐리아노 세군도와 페르난다 델 까르삐오 사이에 태어난 외아들이다. 어릴 때부터 성직자가 되기 위해 청소년기에는 집을 떠나 신학교 기숙사에서 생활하였다. 아버지와 사이가 별로 좋지 않았던 그는 어머니가 죽은 뒤 장례를 치르기 위해 마꼰도로 돌아와 어쩔 수 없이 아버지와 단둘이 생활한다. 아우렐리아노는 호세 아르까디오가 마치 자기 자식이 아니라는 듯 '아비 없는 자식'이라고 경멸한다.

어느 날 호세 아르까디오는 고조할머니 우르술라가 먼 훗날을 위해 숨겨 놓았던 금화를 찾아내고, 그 돈으로 흥청망청 소비하며 생활하다 욕조에 빠져 고독하게 익사한다. 아들의 시체를 발견한 아우렐리아노는 호세 아르까디오를 소중하게 생각하고 있었음을 뒤늦게 깨달으나 이미 때가 늦었다. 호세 아르까디오의 죽음으로 부엔디아 가문이 남자로 이어지던 혈통은 끝난다.

레난따 레메디오스(메메): 아우렐리아노 세군도와 페르난다 사이 맏딸로 어머니는 레난따를, 아버지는 레메디오스라는 이름을 서로 고집하여 결국 둘 다 붙여 이름을 지었다. 메메는 바나나 공장 수습공 바빌로니아와 사랑에 빠지나 뼈대 있는 집안이 아니라는 이유로 어머니 페르난다의 반대에 부딪혀 심하게 고생한다.

어느 날 메메를 만나러 집으로 온 마우리시오는 페르난다가 고용한 포수의 총에 맞아 척추 장애인이 된다. 그 뒤 메메는 수녀원으로 쫓겨 가지만, 둘 사이에서 돼지 꼬리가 달린 아이의 아버지인 아우렐리오(6세)가 태어난다.

아마란따 우르술라: 아우렐리아노 세군도와 페르난다 사이의 막내딸로 아우렐리아노의 이모이고, 소설 후반부 주인공 중 한 명이다. 소설에는 아마란따가 두 명 등장하는데, 윗대 호세 아르까디오 부엔디아의 딸 아마란따와 아우렐리아노 세군도의 딸 아마란따 우르술라다. 이름은 고조할머니 우르술라와 증조 고모할머니 아마란따의 이름을 섞어 아마란따 우르술라로 지은 것으로 보인다. 의미는 아마란따의 활발함과 우르술라의 의지와 생명력을 이어받았으며, 그녀는 마꼰도에 향수를 느껴 마을을 다시 일으키려 시도한다.

그녀는 브뤼셀로 유학을 떠나 그곳에서 비행장 사업을 하는 부자 남편을 만나 결혼하고, 아우렐리아노 홀로 남아있는 집으로 돌아온다. 하지만 조카인 아우렐리아노가 자기에게 욕정을 품고 있다는 걸 깨닫고 처음에는 완강하게 거부한다. 그러나 한 번 관계를 맺은 후 서로에게 깊이 빠져든다.

둘 사이를 알게 된 부자 남편이 떠나버리자 아마란따는 경제적으로 도와줄 사람이 없는 가운데 임신하고, 출산 때 과다출혈로 고독하게 죽는다. 부엔디아 가문 사람들은 모두 사랑의 결핍을 겪는데, 이 커플은 작중에서 유일하게 진정한 사랑을 찾은 인물들로 가르시아는 묘사한다.

아우렐리아노 바빌로니아(7세): 메메와 마우리시오 바빌로니아 사이에 태어난 사생아다. 그는 페르난다에 의해 출생 비밀을 모른 채 자라 아마란따 우르술라가 이모라는 것을 알지 못한다. 청년이 된 후 집안사람이 모두 해독하려 하였으나 하지 못한 멜키아데스의 예언을 해독하는 데 시간을 보낸다. 외할아버지 아우렐리아노 세군도가 죽은 후로는 소설 속 주역이 되어 가문 사람이 죽거나 집을 떠날 때도 꿋꿋이 마꼰도 집을 지킨다.

아들인 돼지 꼬리가 죽은 후, 집안 역사가 미리 예언된 양피지를 해독해낸다. 그가 양피지에 기록된 내용의 해독을 마치고 진실을 깨닫는 순간, 마콘도는 거센 바람이 몰아쳐 공중으로 날아가 소멸하고, 부엔디아 가문은 종말을 맞는다.

아우렐리아노(돼지 꼬리): 아마란따와 아우렐리아노 사이에 태어난 아들로 멜키아데스의 예언에 따라 근친상간의 증거로 신화적인 동물처럼 묘사한 돼지 꼬리를 달고 태어난다. 아이는 부엔디아 집안에서 '진정한 사랑에 의해 태어난 유일한 인간'이자 집안에 뿌리내린 고독의 저주를 끊게 될 아이로 묘사된다.

소설 마지막 부분에서 아우렐리아노는 부엔디아 가문에 내려온 양피지에 기록된 예언을 해석하는데 몰두하던 어느 날, 아기가 흰 개미 떼에 실려 개미소굴로 들어가는 현장을 목격한다. 그는 순간 무언가를 깨달은 듯 황급히 멜키아데스의 방으로 달려가 양피지를 편다. "이 집안 최초의 인간은 나무에 묶이고(호세 아르까디오 부엔디아) 마지막 인간은 개미에게 먹히리라(돼지 꼬리가 달린 아우렐리아노)."고 쓰인 것을 알게 된다. 그리고 소설은 멜키아데스가 예언한 것처럼 부엔디아 가문의 생멸에 대한 예언대로 끝을 맺는다.

들여다보기

〈백년의 고독〉을 등장인물 중심으로 줄거리를 정리하다 보니, 앞뒤 시간 흐름의 차이는 간과할 수밖에 없어 안타깝다. 하지만 등장인물 개개인의 캐릭터를 이해하기에는 시간 중심의 줄거리보다 이 방법이 더 적절하다는 느낌이 든다.

소설 속 고독의 시작은 선조 격인 호세 아르까디오 부엔디아와 사촌인 우르술라의 근친혼으로 출발한다. 이 사실 때문에 친구를 죽인 사건이 발생하며, 두 사람은 현실도피와 그들만의 삶을 영위하기 위하여 '마꼰도'라는 이상향의 마을을 건설한다. 그러나 소설 후반부 마꼰도는 4년 동안의 긴 장마와 10년의 긴 가뭄으로 황폐해지고 음산해지며 몰락하는 과정을 묘사하고 있다. 100년 동안 흥망성쇠를 겪었던 부엔디아의 저택은 개미 떼와 전갈, 잡초가 뒤덮여 서서히 무너져 내린다.

마르케스에게 마꼰도가 이상향인 이유는 그의 천재성을 증명한 데뷔 작품 〈썩은 잎〉에서도 마꼰도라는 마을이 등장하기 때문이다. 그러나 마꼰도는 그들만을 위한 이상향의 마을이 될 수 없었고, 마을은 당시 콜롬비아가 처한 시대적 발전 상황에 따라 시장이 생기며, 철도가 건설된다.

경제적으로도 외국자본에 의한 바나나 공장이 생겨 소요 사태가 생기긴 하지만, 마꼰도는 도시 면모를 갖추며 성장 발전한다. 노동자에 의한 소요 사태는 실제로 미국 과일 회사가 콜롬비아 '씨에나가' 마을에 세운 바나나 공장에서 1928년 일어난 사건을 소설에 도입한 것이다. 소설의 배경이 된 시대는 콜롬비아를 포함한 라틴아메리카에 들이닥친 보수파와 자유파의 이념 다툼이 급기야 내전으로 이어진다. 결과는 당시 역사적 사실처럼 보수가 승리하는 방향으로 전개된다.

소설 속 부엔디아 대령은 당시 보수 정권에 대항하여 반란을 일으킨 자유파 지도자 우리베 장군을 묘사하지만 부엔디아 대령은 전투에 승리하지 못하였다. 가문은 멜키아데스 예언에 따라 비인간적인 고독한 혈연관계가 지속된다.

이처럼 윤리적으로 막장 드라마 같은 일들이 소설 속에 많이 일어난다. 18~19세기 라틴아메리카 지역은 유럽의 식민 지배에서 독립을 추구하던 시기라 정치, 경제, 사회, 문화, 종교 등 모든 분야에서 혼란스러웠다. 그리고 추구하는 가치와 이념은 정파적으로 서로 대립하던 시기라 내전도 빈발하였을 뿐만 아니라 이성과 도덕적 가치도 혼돈의 시대만큼이나 방황할 때였다.

호세 아르까디오 부엔디아 가문의 백 년 동안 처한 고독한 운명은 상상할 수 없을 정도로 놀랍고도 기이한 일이 무수히 일어나고,

등장인물은 그 속에서 웃고 울며 생활한다. 하지만 가문에서 100살 넘도록 장수한 우르술라는 자신의 근친상간으로부터 출발한 불행이 자손 대에서도 끊이지 않고 이어지는 것을 보며 산 기구한 운명의 여인이다.

소설의 끝은 백년의 세월이 흘러 멜키아데스 예언을 아우렐리아노 바빌로니아가 양피지 속 내용 해석을 마친 순간 "거울의 도시(또는 신기루들)는 바람에 의해 부서질 것이고, 인간의 기억으로부터 사라져버릴 것이고, 또 백년의 고독한 운명을 타고난 가문들은 이 지상에서 두 번째 기회를 갖지 못하기 때문에 양피지들에 적혀 있는 모든 것은 영원한 과거로부터 영원한 미래까지 반복되지 않는다고 예견되어 있었기 때문"이라는 이야기로 끝난다.

〈백년의 고독〉은 한 가문의 백년에 걸친 이야기인 만큼 다양한 캐릭터를 가진 인물이 많이 등장한다. 줄거리를 정리하며 가족관계를 쉽게 알아보기 위하여 우리식 가족관계의 호칭을 붙여본다. 호세 아르까디오, 아우렐리아노, 아마란따, 우르술라 같은 이름을 중복하여 사용한다. 마르케스가 의도한 것이라기보다, 그 당시 혼돈의 시대 문화로 이해하면 될 것 같고, 라틴아메리카에서는 소설처럼 3대가 모두 같은 이름을 사용한 예도 비일비재하다.

나가기

마술적 사실주의 대표작이라 평가받는 〈백년의 고독〉은 환상적인 신화 속 이야기 같다. 하지만 소설에 빠져들면 현실과 환상, 각성과 꿈, 삶과 죽음, 희망과 절망, 사랑과 증오 등 삶에서 만날 수 있는 것들이 현실과 환상의 경계를 따라 아슬아슬하게 넘나드는 것을 만날 수 있다.

이처럼 부엔디아 가문의 백년은 고독을 피하려고, 때로는 고독을 누리기 위하여 죽음을 선택하거나 강제로 죽고, 결국은 근친상간에 함몰하는 악순환이 되풀이된다. 그 결과 가문은 인간 존재의 본능적 감각에 따라 백 년간 저지른 고독의 행위들은 멜키아데스의 예언대로 되돌릴 수 없는 소멸로 이어진다.

소설을 읽다 보면 한순간 마술적 판타지에 빠진 듯 혼란스럽지만, 당시 라틴아메리카의 시대적 상황은 말로 표현할 수 없을 만큼 힘든 혼란을 겪을 때라 차분히 따라가다 보면 그로 인해 생긴 문화적 혼돈도 느낄 수 있다.

마르케스는 소설의 배경이 되었던 그 시절 100년 동안 콜롬비아가 처했던 역사적 상황 인식을 바탕으로 환상적이고 신비스러운 허구를 마술적 사실주의의 형식에 담았다. 그가 소설 끝부분에 "마꼰도는 바람처럼 사라졌고, 부엔디아 가문은 지구상에서 누구의 기억에도 남지 않은 채 사라지게 되었다"는 표현에서는 묵시론적 관점에서 예언을 묘사한 것으로 마술적 사실주의의 진가를 보여준다.

 마르케스가 환상적이고 신비스러운 허구를 사실처럼 묘사할 수 있었는지를 살펴보기 위해서는 그의 성장배경을 살펴본다. 마르케스는 어린시절 외가에서 자랐고, 그때 미신을 믿고 신비스러운 것을 좋아하였던 외할머니는 환상적이고 터무니없는 것들을 자연스럽게 어린 외손자에게 이야기해 주었다. 이처럼 그는 환상과 경이로움으로 가득한 신비스러운 옛이야기 세계에 흠뻑 빠진 채 유년기를 보낸다.

 훗날 마르케스는 "어릴 때 들었던 전설이나 신화 같은 소재들을 잠재하고 있는 의식의 인도에 따라 현실과 환상을 융합하여 허구의 마을 마꼰도를 만들었고, 그 속에서 서사적 관점과 자신만의 플롯 스타일에 따라 이 소설을 집필하였다"라고 고백하였다. 그리고 "〈백년의 고독〉은 자신이 그린 신비로운 환상과 사실의 벽 사이에서 충돌할 수 있다는 것도 알고 있었으며, 이 부분을 최소화하는 데 고심하였다"라고 하였다.

 소설 제목에서 보듯이 부엔디아 가문에서 '고독'은 무엇인가. 멜키아데스의 운명에서 벗어날 수 없도록 채워진 족쇄인가, 아니면 가문의 동반자로 구성원은 그 고독에서 벗어날 수 없게 되어 있는 운명인가. 고독은 살아 있는 모든 존재의 본능적 감각이고, 함께 살며 같이 가야 할 존재가 아니겠는가. 그렇다면 가문의 구성원들이 <u>스스로 저지르고 선택함으로써</u> 그들에게 일어난 운명 같은 일들은 <u>스스로 고독에 빠지게 만든 것</u>이다. 그 결과는 오롯이 자신들에게 돌아간 것은 '무슨 일이든 결국 옳은 이치대로 돌아간다'라는 사필귀정事必歸正의 이치에 다다른다는 것을 이야기하는 것일까.

마르케스의 1982년 노벨상 수상 연설문 제목은 '라틴아메리카 고독'이었다. 〈백년의 고독〉을 염두에 둔 듯하지만, 한 평론가는 이 작품을 두고 "남미 대륙의 고독에서 벗어나기 위한 지루한 여정"이라고 하였다. 소설에서 고독은 근친상간의 욕망에서 비롯된 것이다. 우르술라는 항상 근친혼으로 인한 불행한 결과를 염려한다.

1967년 발표한 이 소설은 라틴아메리카 문학작품으로는 제3세계 문학사에서 중요한 작품으로 인정받는다. 중남미문학의 마술적 사실주의를 선구적으로 구현한 소설로 높이 평가된다. 노벨상 수상을 넘어 세계 현대문학사에서도 큰 획을 긋는 명작이다.

안개 인간들을 위한 진혼곡
– 유진 오닐, 《밤으로의 긴 여로》

극작가 유진 글래드스턴 오닐Eugene Glsdstone O'Neill은 1936년 노벨문학상을 수상하고, 퓰리처상을 네 번이나 수상한 기록에서 보듯이 미국을 대표하는 작가다. 그의 대표작 〈밤으로의 긴 여로 Long Day's Journey into Night〉는 아일랜드 이민자 아들로 태어나 가슴 시리도록 아픈 가족의 과거를 뒤돌아보며 쓴 자전적 희곡이다.

유진 오닐은 '피와 눈물로 점철된 오랜 슬픔의 연극'으로 불릴 만큼 음울하고 비극적인 이야기를 인간의 보편적인 진실로 승화시킨 사실주의 기법으로 완성하였다. 발표 후 당시 통속극에 머물고 있던 희곡 무대를 연극 예술의 경지로 끌어올린 최고의 걸작이다. 그는 1939년 쓴 이 희곡의 서문에서 보듯이 열두 번째 결혼기념일에 아내 칼로타 몬테레이에게 작품을 바치며 "내 묵은 슬픔을 눈물로,

피로 쓴 극의 원고를 당신에게 바치오. 행복을 기념하는 날의 선물로는 슬프고 부적당한 것인지도 모르겠소"라고 고백하였다. 유진 오닐은 아내에게 바치면서 한 말처럼, 작품에는 그의 아픔과 슬픔으로 점철된 가족사를 담고 있어 생전에 숨김없이 무대에 올린다는 것은 쉽지 않았다. 사후 25년 이전에는 발표하지 말고, 공연도 하지 말라고 한 것이 아닐까. 사후 3년 만인 1956년 작품은 발표되었고, 초연은 미국보다 더 유진 오닐을 사랑하고 인정하였던 스웨덴 스톡홀름 왕립극장이었다. 당시 비평가들은 유진 오닐을 그리스의 비극 시인 아이스킬로스와 셰익스피어의 맥을 잇는 최고의 극작가라고 극찬하였다. 1957년에는 네 번째 퓰리처상을 수상함으로써 '사후수상'이라는 기록까지 남겼다.

〈밤으로의 긴 여로〉는 이전 작품과 달리 사실주의를 뚜렷하게 구현한 그의 마지막 희곡으로, 작품에는 이름만 바꾼 유진 오닐의 가족 4명이 등장한다. 무대는 1912년 8월 어느 날 티론 가족이 여름 휴가차 방문한 그들의 유일한 집인 별장에서 벌어지는 하루 동안의 이야기를 4막으로 구성하였다. 이들은 애정과 증오가 교차하고, 서로 공격하여 마음을 아프게 하면서도 이해하고 용서하는 허무한 심리적 갈등을 묘사한다.

작품 줄거리를 살펴본다. 등장인물은 가난하고 무지한 아일랜드 이민자로 돈에 대한 집착을 버리지 못하고 파멸하는 무대 배우인 아버지 제임스 티론, 마약 중독자 어머니 메리 티론, 알코올과 여자에 빠져 하루하루 소일하는 형 제이미 티론, 결핵을 앓고 있는 병약

한 막내 에드먼드 티론, 그리고 메리의 말동무이자 가족 모두를 아끼는 하녀 캐슬린이 등장한다.

 1막에서 연극으로 돈을 번 티론은 그 돈으로 땅을 사들이는 데 여념이 없다. 그는 돈 벌기 위해 오로지 한 연극에만 집착한 탓에 캐릭터는 고착된다. 메리는 마약 중독 치료를 받고 집으로 돌아오나, 겉보기는 평안하고 치료된 것처럼 보이나 여전히 불안한 모습을 보인다. 가족은 에드먼드의 끊이지 않는 기침을 걱정하고, 티론은 제이미의 게으름과 부족한 열정을 꾸짖으며, 형을 우상처럼 따르는 에드먼드를 그가 망친다고 탓한다. 그러나 제이미는 에드먼드의 치료비를 아끼기 위해 동네 의사 하디에게 동생을 맡긴 것은 잘못이라고 아버지를 비난한다. 가족의 유일한 집인 별장에 모여 모처럼 정상적인 가족 모습으로 생활하지만, 분위기는 자욱한 해무가 커튼처럼 드리워진 집에서 병든 고래의 신음이 들리는 듯하다. 음울한 극의 분위기는 허무함을 넘어 두려움마저 투영된 듯하다.

 2막은 점심시간이 되기 전 즈음 에드먼드와 제이미는 아버지 몰래 술을 마신다. 에드먼드는 메리가 마약 중독에서 벗어난 것을 의심하고, 형도 비난한다. 제이미도 할 말을 하며 동생과 맞서고 있을 때, 어머니 메리가 들어와 기침하는 에드먼드를 걱정한다. 시간이 흐르고 제이미가 침대에 누워있는 어머니를 보며 마약 투여를 의심하자, 메리도 공격적으로 제이미에게 응대한다. 때마침 등장한 티론을 향해 메리는 자신의 처지를 한탄하며 남편을 비난한다. 우여곡절 끝에 가족이 함께 점심을 먹기 위하여 식탁에 둘러앉았으나,

티론은 하디 선생의 전화를 받고 두 아들과 시내에서 함께 점심을 하기로 약속한다. 티론, 제이미, 에드먼드가 집을 나가자 홀로 남은 메리는 자신의 회한을 토로하며 성모 마리아에게 기도한다. 메리는 가족 몰래 다시 마약을 시작하고, 에드먼드의 병이 악화하자 태연함을 가장하던 가족은 두려움이 현실로 다가온다. 메리는 마약에서, 티론, 제이미와 에드먼드는 술에서 도피처를 찾는다.

  3막에서 메리는 울적한 마음을 달래려 하녀 캐슬린과 함께 시내로 드라이브 나갔다가 약국에 들러 마약을 사 온다. 메리는 캐슬린에게 한때 자신이 수녀가 되고자 하였으나 티론과 사랑에 빠져 되지 못한 이야기를 하던 중 티론과 에드먼드가 돌아온다. 메리는 남편에게 자신의 처지와 신세를 한탄한다. 티론이 에드먼드가 요양원에 입소해야 한다는 의사의 이야기를 전하자, 그녀는 에드먼드와 자신을 갈라놓으려 한다고 막말을 한다. 에드먼드는 메리에게 마약 중독자라며 상처를 준다. 감정을 다스리지 못한 에드먼드는 다시 시내로 나가고, 티론은 메리에게 마약을 그만하라고 간청하지만 그녀는 약을 찾는다. 고독에 잠긴 티론은 혼자 저녁 식사를 한다. 메리는 마약의 힘을 빌려 행복했던 과거로 돌아가 유령처럼 약물의 환상 속을 떠돌고, 티론, 제이미, 에드먼드 세 부자는 알코올에 빠져 술기운으로 절망과 쓰라림을 견딘다.

  4막은 술에 만취해 집으로 돌아온 티론이 에드먼드와 함께 술을 마시며 각자 셰익스피어와 보들레르의 시를 읊는다. 셰익스피어를 찬미하던 티론은 염세적이고 퇴폐적인 에드먼드의 성향을 혐오한다. 에드먼드는 자신을 값싼 주립요양원으로 보내는 것에 대해 아버지에게 분노를 표출한다. 그러자 티론은 돈에 집착할 수밖에 없었던 자신의 어릴 때 이야기를 들려주자 두 사람은 서로를 이해한다. 역시 술 취해 집으로 돌아온 제이미는 동생 에드먼드에게 증오와 연민의 정을 표출한다. 메리가 잠들기를 기다리며 세 사람은 한 테이블에 앉는다. 하지만 약물에 취한 메리는 티론과 결혼할 때 입었던 웨딩드레스를 다락방에서 찾아 들고 온다. 마지막 장면에서 메리는 과거를 회상하며 제임스 티론을 사랑하였던 추억에 빠져든다. 메리의 독백 같은 마지막 대사와 듣고 있는 가족 모습에서 잠시나마 서로를 이해하고 사랑한다. 하지만 끝내 화해하지도 구원받지도 못하고 죽음과 같은 절망의 나락에 빠져드는 느낌이다.

성모님께서는 내 기도를 들어주시니까, 항상 나를 사랑해 주시고 내가 신앙을 잃지 않는 한 내게 불행이 닥치지 않도록 지켜주실 테니까. 잠시 말을 멈춘다. 커져가는 불안감이 얼굴을 덮는다. (중략) 그게 졸업하던 해 겨울의 일이었지. 그리고 봄에 일이 생겼어. 그래, 난 제임스 티론과 사랑에 빠졌고 얼마 동안은 꿈같이 행복했지(등장인물의 마지막은 모두 슬픈 꿈에 젖어 앞을 응시한다. 티론은 의자에 앉은 채로 몸을 꿈틀한다. 에드먼드와 제이미는 미동도 않고 있다).

〈밤으로의 긴 여로〉는 가족 네 명 모두 암울하고 우울하다. 절망에 빠진 안개 인간을 위한 진혼곡이 희곡 전체를 지배한다. 작품에는 인간의 절망과 희망, 빛과 어둠, 이해와 용서, 사랑에 대한 신념과 같은 주제 의식을 찾을 수 있다. 인간 내면에 잠재한 우울과 비관 속에서도 내일의 빛을 찾아 안개 자욱한 밤의 여정을 떠나는 느낌이다.

인간의 절망은 에드먼드의 대사에서 보듯이, "한순간 우리는 만물의 신비를 보고, 그러면서도 자신도 신비가 되는 거죠. 순간적으로 의미가 생기는 거예요! 그러다 그 손이 도로 베일을 덮으면 다시 혼자 안개 속에서 길을 잃고 목적지도, 그럴듯한 이유도 없이 비틀거리며 헤매는 거죠!(쓴웃음 지으며) 전 인간으로 태어나지 말았어야 했어요. 갈매기나 물고기였더라면 훨씬 좋았을 거예요. (중략) 늘 조금은 죽음을 사랑할 수밖에 없게 된 거죠"라는 표현에서 느낄 수 있다.

인간의 희망은 제이미의 대사에서 "어머닌 내가 최악의 경우만 믿는다고 하시지만 이번엔 좋은 쪽으로만 생각하고 있었지. (떨리는 목소리로) 어머니를 용서할 수 없을 것 같다. 아직은. 너무 실망이 커서. 이번엔 희망을 찾기 시작했었거든. 어머니가 이겨내시면 나도 새로 시작할 수 있을 거라고 (흐느끼기 시작한다. 끔찍한 건, 취기로 인한 감정의 눈물이 아니라 맨정신으로 우는 것처럼 보이는 것이다.)"라는 표현에서 찾을 수 있다.

환멸과 절망은 가족 구성원 모두에게서 볼 수 있으며, 빛과 어둠은 서문의 "묵은 슬픔과 눈물. 깊은 연민과 이해와 용서, 사랑의 다

정함, 빛으로서의, 사랑으로서의 여로"라는 글귀에서 찾을 수 있다.

작품의 소재는 연극적인 인생을 사는 네 명의 가족이다. 가난과 무지, 원망과 불신, 비극적인 가족사에 대한 이해와 연민의 시선, 그리고 돈, 마약, 술 등을 찾을 수 있다. 이 소재는 20세기 초 중산층 가정이 고통과 방황 속에서 음울하고 비관적인 삶을 살 수밖에 없었던 그 시대의 자화상 같은 요소들을 담고 있다.

〈밤으로의 긴 여로〉에서 유진 오닐은 당시 미국 이민자의 절망적인 삶과 애환을 배경 삼았다. 가족 간에 부딪히며 일어나는 사랑과 미움을 다양한 형식으로 조명하여 새롭고 실험적 사실주의 기법으로 완성하였다. 작품 제목은 구약성경 열왕기 상 제1장 19절 "엘리야는 두려운 나머지 일어나 목숨을 구하려고 그곳을 떠났다. 그는 유다의 브에르 세바에 이르러 그곳에 시종을 남겨두고 자기는 하룻길을 더 걸어 광야로 나갔다(A Day's Journey into the Desert)."에서 따왔다고 한다.

희곡의 시대적 배경이 된 당시의 이민자들은 가난하였다. 주로 농장, 철도, 운하 건설현장에서 노동자 생활을 하였고, 돈에 대한 집착과 땅을 소유하려는 욕구가 강하였다. 19세기 미국에 도착한 아일랜드 이민자도 대부분 가난하였고, 많은 여성은 버려지거나 미망인이 되었다. 그들은 고통에서 벗어나기 위해 알코올 중독, 마약과 범죄, 정신과 육체 질환으로 고통받았다. 이민자들은 경제적인 삶의 여유를 가지려 노력하였다. 그 과정에서 절약은 가난에서 벗어나는 방법 중 최우선이라고 생각하였다. 그들의 삶은 궁핍할 수밖에 없었다. 작품 속에서도 메리와 에드먼드의 치료비 문제로 제이미가 아버지와 부딪히는 장면에서도 절약 정신을 볼 수 있다.

4막에서는 가난에 대해 에드먼드가 아버지 티론에게 "이 빌어먹을 집구석에선 이해를 해줘야지, 안 그러면 돌아버린다"라고 했듯이, 티론의 인색함은 가난 탓으로, 메리의 마약 중독과 에드먼드의 치료는 동네 의사 하디 선생 탓으로, 제이미의 냉소주의와 뒤틀린 질투는 인생에 대한 좌절 탓으로, 에드먼드의 병적인 비관주의는 다우슨, 니체, 보들레르 탓으로 돌린다.

미국 현대 연극의 아버지라고 불리는 유진 오닐은 1888년 아일랜드 이민자이자 연극배우인 제임스 오닐의 아들로, 그는 아버지 공연을 따라다니다 보니 호텔에서 태어났다. 가정사에서도 그는 두 번의 이혼과 세 번의 결혼을 하였고, 맏아들은 자신보다 먼저 죽고, 작은아들은 자살하였다. 딸 우우나는 채플린과 결혼하자 의절하였다. 유진 오닐이 폐렴 합병증으로 세상을 떠난 곳도 호텔로 평범하지 않은 삶을 살았다.

이 희곡을 읽고 나면 너무 슬프다. 작가는 자기 이야기를 숨길 수 없는 존재인가. 이처럼 많은 작가는 자전적 경험을 바탕으로 불후의 명작을 남긴다. 유진 오닐도 가족 구성원의 암울한 사연과 아버지에게서 받은 깊은 상처를 세상 밖으로 과감하게 열어젖혔다. 이야기는 자전적 원형을 가감 없이 담아 고도의 미적 승화를 거침으로써 독자에게 깊은 감동을 준다.

영원의 자아를 찾아서
- 헤르만 헤세, 〈수레바퀴 밑에서〉

이곳에서 내 청춘의 꿈이 산산이 부서졌다.
치유되기 힘든 상처로 나는 오랫동안 괴로워했다.
이제 그 상처는 먼 꿈속 이야기가 되었고,
기분 좋을 때는 노래가 되기도 한다.

영원을 갈망하는 영혼은
이제 무상함을 기꺼운 짐으로 지고서
다시 한번 말없이 그리고 아무런 원망도 없이
손님이 되어 청춘의 자취를 더듬는다.

이 시구詩句는 헤르만 헤세가 마울브론 수도원Kloster Maulbronn

부속 신학교를 자퇴한 지 25년의 세월이 지난 1914년에 신학교를 찾아 쓴 시《마울브론의 회랑에서Im Maulbronner Kreuzgang》의 일부분이다. 열네 살 소년 헤세가 이 학교에 다닐 때, 실존의 고독과 진정한 자아를 찾기 위하여 방황하며 견디기 힘들었던 심정을 읊은 시다. 당시 깊은 심연에 갇혀 허우적거리며 고뇌하였던 헤세의 정신적 이미저리Imagery다. 헤세는 1904년 〈페터 카멘친트Peter Camenzind〉로 독일 문단에 데뷔한 후, 1906년에 쓴 〈수레바퀴 밑에서Unterm Rad〉는 이 학교를 배경으로 쓴 자전적 소설로 비인간적인 타자의 욕망을 비판한다. 그리고 기성 체제의 경직성과 구조적인 억압으로 개인의 창의성과 자유로운 의지를 짓밟는 근대 교육 제도와 방법에 대하여 서정적인 문체로 고발한다.

〈수레바퀴 밑에서〉는 억눌린 젊은 영혼의 기록이다. 정신적으로 지쳐가던 주인공 한스 기벤라트의 삶이 어른들이 만들어 놓은 그릇된 욕망의 수레바퀴 아래 처참하게 희생된 이야기다. 이 소설을 순수한 마음으로 읽는다면 가련한 소년의 애달픈 운명 앞에서 눈물 흘리지 않을 수 없고, 아이를 키우는 부모가 읽으면 좋을 것 같다.

소설 줄거리는 독일 남부 작은 마을에 사는 상인의 아들 한스는 총명하고 똑똑한 수재로 수줍음을 잘 타는 여린 성격이다. 한스는 낚시와 수영을 즐기며 토끼 기르기를 좋아하는 감성 소년으로 자연의 순수함처럼 맑다. 한스는 어머니를 일찍 여의었고, 가난한 집안 사정 때문에 아버지 권유로 장래가 촉망되는 신학교로 진학하기 위하여 좋아하는 놀이까지 금지당하였다. 한스는 아침부터 밤 늦도록 공부하여 입학시험에 2등으로 합격하였다. 아버지와 주변 어른들의 칭찬을 한몸에 받으며 마울브론 신학교에 입학한다.

한스는 엄격하고 고된 신학교 생활에 비교적 잘 적응하고 좋은 성적을 유지한다. 한스는 생활관에서 함께 지내는 시인 지망생 헤르만 하일러와 친한 사이였으나, 교장과 담임 선생은 자유분방한 하일러가 한스에게 나쁜 영향을 끼친다고 생각해 둘 사이를 갈라 놓으려 한다. 그러나 한스는 그들의 권유와 지시를 따르지 않고, 둘의 우정이 깊어지는 가운데, 한스는 학교 공부가 인생의 전부가 아니라는 것과 학업이 자신의 인생과 맞지 않다고 생각한다.

한스는 자아상실과 외부 환경의 괴리로 스트레스가 쌓여 몸과 마음이 상한다. 날로 건강이 나빠진 한스는 의사로부터 산책을 권유받는다. 어느 날 하일러는 한스가 산책할 때 따라 가지 말라는 교장의 지시를 무시하고 따라나섰다가, 학칙 위반으로 감금된다. 다음날 하일러는 자유를 찾아 신학교에서 탈주하여 퇴학 처분을 받고, 그 무렵 친구 힌딩어의 죽음까지 겹쳐 한스는 우울해진다.

하일러와 힌딩어가 떠난 후, 한스는 학교의 주입식 교육과 엄격한 규율 때문에 날로 심신이 지쳐간다. 결국 한스는 신경쇠약 때문에 휴양을 위해 집으로 돌아가게 되고, 고향에서는 구둣방 주인 플라이크 외에는 누구로부터도 환영을 받지 못한다.

한스는 주변의 눈총을 받으며 고독한 일상이 이어진다. 무기력과 우울증으로 방황하던 한스는 과일향으로 물든 늦가을에 엠마를 만나 첫사랑에 빠진다. 한스 앞에는 새로운 인생이 열리는 듯하였으나, 엠마에게 그는 노리개에 지나지 않았다. 마음의 상처만 주고 말없이 떠나버린 엠마 때문에 한스는 또 한 번 실의에 빠진다.

한스는 미래의 희망을 잃고 아버지의 재촉으로 마을 친구 아우구스트가 일하는 기계 공장에 수습공이 되어 새로운 삶을 시작한다. 하지만 몸과 마음은 날로 쇠약해져 가고, 노동과 정신적 고통으로 더욱더 힘겨워한다. 절망에 빠진 어느 날, 한스는 동료들과 술을 마시고 취해 혼자 집으로 돌아가다가 낚시하며 놀았던 추억이 서린 호수에 빠진다. 한스가 늦도록 귀가하지 않자 아버지는 "오랜만에 아버지의 매를 들어야겠구먼" 하며 벼른다. 다음날 마을 사람들은 근처 숲속 호수에서 익사한 한스의 주검을 발견한다. 아버지와 교장선생, 목사와 마을 사람들이 지켜보는 가운데 한스의 장례를 치른다. 이 죽음이 자살인지 아니면 사고인지 모른 채 소설은 끝난다.

이 작품은 독일 남부 슈바르츠발트라는 작은 마을에 사는 한스라는 청순한 소년이 비인간적인 어른이 만들어 놓은 삶의 무게를 이기지 못하여 수레바퀴 밑에 깔려 비극적인 생을 마감한 부자유한 영혼의 갈등을 그린 소설이다. 헤세는 1906년에 이 소설을 발간한 후, "이 책에는 실제로 경험한 학대받은 생활의 단편이 숨겨져 있다"라고 고백한 것처럼, 자신의 체험이 짙게 배어 있는 자전적 소설이다. 그리고 헤세는 〈마울브론의 회랑에서〉라는 시에서 보듯이 어렵게 입학한 신학교에서 "청춘의 꿈이 산산이 부서졌고, 치유되기 힘든 상처로 오랫동안 괴로워했다"라고 고백하며, 비인간적인 규율이 지배하는 신학교 생활을 비판한다.

헤세는 이 소설에서 독일 교육제도에 대해 간접적으로 비판한다. 19세기 말 독일의 교육현장은 강압적이고 권위적이어서 자살하는 청소년이 많아 사회적으로 문제가 되었다고 한다. 헤세도 15세 때 자살을 기도했다가 미수에 그친 적이 있다. 그는 내면에 존재하는 자기성찰과 자아실현이라는 두 캐릭터를 소설 속 한스와 하일러를 통하여 성찰하고 자아의 본질을 찾고자 하였다. 소설에는 인생이 무엇인지, 수레바퀴에 실린 삶의 무게를 어떻게 극복해야 하는지, 인간의 실존과 구원받지 못한 영혼은 어떻게 위로해야 하는지, 인간의 그릇된 욕망과 가치관의 대립 및 세대 간의 갈등을 어떻게 해결해야 하는지 등 여러 가지를 생각하게 한다.

한스는 그릇된 교육환경과 무비판적인 기성세대가 수레에 실어 준 삶의 무게를 이기지 못하여 바퀴에 깔린 희생양이다. 하일러는 교육 당국과 어른이 만든 굴레에 대한 비판과 눌림 당한 청소년들의 분노를 표출한 '사이다' 같은 존재다. 한스의 죽음은 자살인지 타살인지 알 수 없으나 자살을 연상하게 된다. 한스는 아버지, 마을 목사, 신학교 교장을 포함한 어른의 욕망 때문에 희생되었다. 장례식에서 마을 구둣방 주인 플라이크는 교장선생과 교사들을 가리키며 한스를 죽인 공범들이라고 지적하지만, 한스의 죽음에는 아버지도 책임을 피할 길이 없다.

〈수레바퀴 밑에서〉는 교육에 대한 문제를 자기성찰로 다룬 어둡고 무거운 작품이다. 헤세는 엄격하고 비인간적인 규율이 지배하는 신학교 생활을 견디지 못하고 짧은 삶을 마감한 고독한 주인공 한스의 좌절을 통하여 독일 근대교육제도를 비판하고 있지만, 현재 신음하는 한국 청소년의 자화상을 보는 듯하다.

한 세기 세월을 훌쩍 뛰어넘은 지금, 우리 교육환경은 어떤가. 성적으로 모든 것을 판단하고, 기계처럼 지식만 주입하는 비인간적인 교육현장이 만연하며, 몰인정한 출세지향주의가 우리 삶 한가운데 똬리를 틀고 있다. 청소년들은 영재병에 걸린 부모 때문에 치열한 입시 스릴러thriller에 내몰린다. 그들은 새벽 일찍 일어나 학교로 가고, 깊은 밤 자정까지 책과 사투를 벌여야 한다. 입시지옥에서 받은 심신의 스트레스와 피로는 무엇으로도 보상받을 수 없다. 애달픈 한스 이야기를 〈영원의 자아를 찾아 떠난 한스〉라는 제목으로 시 한 수 읊는다.

　　한 소년이 아름다운 자연에서
　　낚시하며 행복한 미래를 꿈꾸나
　　어른은 소년의 수레에
　　자신들의 욕망을 가득 싣는다.

　　소년은 곁에 있던 친구마저 떠나자
　　수레가 버거워 심신이 지쳐가고
　　외로움 달래 줄 연인마저 곁을 떠나자

애닯고 처절한 고독 앞에 떨고 있다.

소년은 위선과 권위로 가득한 격랑激浪에서
뼈에 사무치는 실존의 연약함에 빠지고
버거운 삶의 무게 견디지 못하여
어둠의 늪으로 한 걸음 한 걸음 발길 옮긴다.

소년은 타자他者가 왜곡한 욕망의 수레바퀴 밑에서
외롭고 허기虛氣진 세파世波에서 벗어나고자
영원永遠의 자아自我 찾아
먼 길 여행 떠난다.

  지난겨울 오미크론 대유행으로 산방에 머물 때, 오래된 책을 정리하다 손때가 묻어 있는 색 바랜 표지의 64년판 〈수레바퀴 아래서〉라는 소설이 눈에 띄었다. 이 책과의 인연은 반세기를 훌쩍 거슬러 올라간다.
  소설을 처음 읽었던 1965년 봄의 농촌은 심한 가뭄으로 모내기가 어려워 농민들의 몸과 마음고생이 이만저만 아니었다. 그 무렵의 기억을 떠올려보면 몇 달 동안 오전 수업만 하고, 오후에는 논과 밭에 양동이로 물을 퍼 나르는 봉사를 하러 들녘으로 갔다. 물 몇 동이 나르고 지칠 때쯤, 인솔하였던 국어 선생님이 헤세의 〈수레바퀴 아래서〉를 들려주며, "소설을 읽고 깊은 뜻을 잘 새겨보아라. 그리나 한스 따라 하면 안 된다"라며 무미건조한 말씀을 던졌다. 다음날 수업시간에 소설의 제목과 관련하여 "아무튼 지치지 않도록 해야 하네. 그렇지 않으면 수레바퀴 아래 깔리게 될지도 모르니까"라는 소설 속 교장선생의 말을 읽어 주었던 기억이 어렴풋이 떠오른다.

 몇 년 전 고전 읽기 모임에서 〈수레바퀴 밑에서〉라는 번역본을 다시 읽고, 소설의 주제와 소재, 작품 구성과 정신적 배경, 헤르만 헤세의 삶과 작품 등 많은 것을 문우들과 함께 토의하며 깊은 의미를 새겼다. 때가 되면 아들 내외와 맏손자에게 들려줘야겠다고 생각하였으나, 어느새 녀석은 밤잠 설치는 외고 3학년이 되었다. 수험 준비가 한창인 이 시점에 들려주는 것이 시의적절치 않을 것 같아 글로 남긴다.

신념에 찬 행동
― 어니스트 헤밍웨이, 〈누구를 위하여 종은 울리나〉

얼마 전 Cross Country 자동차 여행길에 아이다호주 케첨Ketchum 이라는 작은 산간 마을을 찾았다. 이곳은 별로 알려지지 않은 곳이라 아이다호주에 사는 사람도 이 마을이 어디 있는지 잘 알지 못한다. 미국에 머무는 오리건주 카이저에서 어니스트 헤밍웨이의 흔적을 찾아 640마일 떨어진 케첨까지 10시간 이상 차를 몰고 갔다. 도착하여 주변을 돌아보니 왜 그가 이곳을 그토록 잊지 못하고 사랑하였는지를 어렴풋이 알 것 같다.

케첨은 로키산맥 서쪽 자락에 있어 산세가 웅장하여 하늘은 드높으며, 공기는 사계절 시리도록 맑아 미국 속 알프스 같다는 생각이 들 정도로 아름다운 곳이다. 헤밍웨이에게 이 마을은 깊은 자연의 연정이 닿아 있는 곳이다. 그는 1939년 이곳에 있는 선 밸리 롯지Sun Valley Lodge에 머물며 이른 아침부터 오전에는 〈누구를 위하여 종은 울리나For Whom the Bell Tolls〉를 집필하고, 오후에는 가까운 지인들과 사냥과 낚시, 겨울철에는 스키를 즐기면서 그의 나이 41세에 장편소설을 발표하였다.

다음 날 아침 일찍 롯지를 찾아 홍보담당자를 만났다. 이곳을 찾은 자초지종 연유를 설명하자, 그녀는 흔쾌히 헤밍웨이가 머물렀던 방을 돌아볼 기회를 주었다. 친절하게도 그가 이곳에 머물 때 있었던 재미있는 일화와 그의 아내 이야기까지 들려주어 더욱 의미 있는 탐방이 되었다.

헤밍웨이가 이 롯지에 머물며 작품을 집필하였던 스위트룸 206호실은 당시 모습 그대로 재현해 놓았다. 서재에는 그가 사용한 책상과 타자기도 있고, 서가에는 작품집도 가지런히 꽂혀 있으며 안방과 거실 벽에는 아내와 친구들과 함께한 사진이 걸려 있다. 곳곳에 그의 체취가 물씬 풍기는 듯하여 마치 어디에선가 헤밍웨이가 불쑥 나올 것만 같다. 호텔 측은 이 방을 헤밍웨이의 작은 박물관처럼 꾸며 놓았다.

야성적인 성격의 헤밍웨이는 세계 여러 곳을 여행하듯 머물며 살았다. 그가 그토록 사랑했던 쿠바에서도 공산 혁명이 일어나자 어쩔 수 없이 그곳을 떠날 수밖에 없었다. 그가 미국으로 돌아와 머물 곳을 택한 곳이 케첨이다. 그는 20년 만에 이곳을 찾아 거주할 집을 구하여 몇 년 살았지만, 우울증이라는 병마를 극복하지 못하고 결국 1961년 7월 2일 자택에서 스스로 목숨을 끊었다. 영혼의 안식처도 이곳 케첨 공동묘지에 있다.

〈누구를 위하여 좋은 울리나〉는 소설을 읽기 전 청소년 시절 게리 쿠퍼(조던 역)와 잉그리드 버그만(마리아 역)이 주연으로 출연한 영화를 먼저 보았다. 1943년에 할리우드에서 만든 이 영화는 아카데미상 9개 부문에 지명되었고, 많은 관객이 찾았으며, 우리나라에서도 인기 있었던 영화이다. 1954년 헤밍웨이가 노벨문학상을 수상하고 국내에 〈노인과 바다〉를 필두로 그의 작품이 번역 출간될 때, 일본어 번역서를 우리 글로 재번역한 소설을 처음 읽었다. 당시에는 영문학, 불문학, 러시아문학 번역가가 부족하여 일어판을 재번역한 작품이 많을 수밖에 없었다.

은퇴 후 시간이 자유롭다 보니 지난 세월을 반추하며 예전에 즐겨 읽었던 작품을 다시 읽는 여유로움을 가지고 그의 작품을 다시 읽는다. 그리고 이번 여행길에 헤밍웨이가 이 소설을 집필한 케첨에서 그의 마지막 흔적을 둘러보고 나니 이 소설의 서평 수필을 쓰고 싶어졌다.

1930년대 스페인 내전을 배경으로 쓴 〈누구를 위하여 좋은 울리나〉는 〈노인과 바다〉보다 훨씬 이전에 쓴 장편소설이자 웅장한 한 편의 서사시로 자신이 체험한 전쟁의 잔혹함과 비인간적인 모습을 고발한 대작이다. 1940년 이 소설을 발표하자 당시 뉴욕 타임스는 "헤밍웨이가 쓴 작품 중 가장 풍부하고, 가장 깊이가 있으며, 가장 진실한 소설"이라고 극찬의 평가를 하였다.

1930년대 스페인은 프랑코 총통에 의한 독재정치가 민중을 탄압하던 시기였다. 이에 저항하는 사람들이 중심이 되어 내란이 일어나자 전 세계 양심적인 지식인들이 참전하였다. 헤밍웨이는 내란이 일어나자 통신사 특파원 자격으로 직접 내전을 취재하였고, 그 경험을 살려 이 소설을 썼다.

　자신의 체험을 바탕으로 쓴 이 소설에서 헤밍웨이는 전쟁의 잔혹함과 비인간적인 모습을 생생하게 묘사하였다. 인간 공동의 가치와 연대의 중요성을 부각해 이전에 발표한 〈태양은 다시 떠오른다〉(1926), 〈무기여 잘 있거라〉(1929)》와 〈킬리만자로의 눈〉(1936)과 달리 긍정적이고 원숙한 사회의식을 느낄 수 있는 작품이다. 이 소설은 하드보일드hard boiled 문체로 헤밍웨이의 마초적 성격을 잘 나타낸 작품이다. 소설 속 문장은 간결하면서도 스토리 전개가 진지하고 빠르게 진행되며, 전체적으로는 남성적인 야성이 넘치는 행동주의 작품의 진수를 보여준다.

　소설은 스페인 내전이 일어난 다음 해인 1937년 5월 말 토요일 오후부터 그다음 주 화요일 낮까지 짧은 3일 동안의 사건을 다룬다. 줄거리는 미국인 젊은 대학강사 로버트 조던이 주인공으로 등장하는데, 그는 몬태나대학에서 스페인어 강사로 근무하는 청년으로 민주주의를 신봉한다. 조던은 1년간 대학 강의를 접고 곧바로 스페인 내전에 참가하여 파시즘과 싸우고 있는 반 프랑코 공화파에 가담한다. 마드리드와 세고비아 사이 과다라마산맥의 어느 계곡에서 활동하는 게릴라 조직의 도움을 받아 철교를 폭파하라는 임무를 부여받는다.

　첫째 날인 토요일 오후, 그는 산속에 잠복하고 있는 게릴라 유격대 지도자 중 한 사람인 파블로를 만나고 동료들이 있는 동굴 속 식사 자리에서 스페인 처녀 마리아를 처음 만난다. 19살의 그녀는 예쁜 얼굴에 새하얀 치아를 가졌고, 가무잡잡한 피부와 머리칼이 인상적이며, 두 사람은 서로 야릇한 감정을 느낀다.

　다음날 철교 폭파 임무를 수행하는 데 필요한 도움을 청하러 다른 게릴라 조직의 대장인 엘 소르드를 만나러 간 조던은 마리아에게 연민의 정을 느끼고, 두 사람은 서로 사랑을 확인한다. 마을 시장이었던 아버지와 어머니를 파시스트들에게 잃은 마리아는 그들에게 능욕까지 당한 아픈 사연이 있다. 마리아는 조던의 사랑으로 깊은 마음의 상처를 치유 받고, 조던은 정열적인 마리아의 사랑으로 참혹한 전장 속에서 기대하지 않았던 열정과 희망을 품게 된다.

　셋째 날인 월요일 아침, 엘 소르드 게릴라 유격대는 적 기병대의 기습을 받아 대원 모두 목숨을 잃는다. 조던은 멀리서 이 광경을 보지만, 그들을 도우러 갈 수 없는 안타까운 상황을 그저 바라볼 수밖에 없다.

　마지막 날 본대의 폭격 지원과 동시에 계획대로 파블로는 프랑코 공화파 주둔지를 습격하고, 조던은 마리아 일행과 합세하여 다이너마이트로 철교를 폭파하는 임무를 성공적으로 완수한다. 조던은 전투 중에 적군의 총탄에 깊은 상처를 입는다. 조던은 적군이 다가오는 긴박한 상황에서 마리아와 동료들을 빨리 떠나라고 소리친다. 그의 곁을 떠나지 않으려고 마리아는 울부짖으며 몸부림치지만, 결국 조던의 뜻에 따라 위기에서 탈출한다. 일행을 떠나보낸 조던은 침착한 마음으로 기관총을 잡고 적의 기마대가 산으로 올라오는 것을 보고, 사정없이 방아쇠를 당기며 장렬한 죽음을 맞이하며 소설은 끝을 맺는다.

〈누구를 위하여 종은 울리나〉는 단지 삼일이라는 짧은 기간 동안 전쟁의 비참함을 고발하기보다 지식인 조던의 용기 있는 결단과 마리아와 애틋한 사랑, 그리고 동료와의 진한 우정의 체취를 느낄 수 있는 휴머니즘 소설이다. 죽음에 직면한 조던이 사랑하는 마리아와 생사를 함께하였던 동료가 시야에서 완전히 사라질 때까지 쳐다보는 안타까운 장면이 펼쳐진다. 이 대목에서는 자신의 무력함 속에서도 연대 의식의 중요성을 느낀다.

이 부분에서 헤밍웨이는 조던의 불안 심리를 직접 묘사하기보다 멀어져 가는 연인과 동료의 모습을 냉정하면서도 객관적으로 표현함으로써 하드보일드 기법의 진수를 보여준다. 조던의 "난 이대로가 좋아"라는 독백은 죽을 수밖에 없는 상황을 초월하는 용기와 자신의 결단을 긍정하는 것이다. "행운은 오래 갔다"라는 자조적인 말에서는 '행운'이라는 역설적 표현이다. 마지막까지 적과 싸울 수 있는 시간을 벌었다는 것을 의미하는 하드보일드 표현으로 헤밍웨이의 행동주의 문학의 정수를 느낀다.

이처럼 헤밍웨이는 전쟁의 비정함 속에서 죽음과 마주하는 처절한 상황에 부닥친 조던이 적을 향해 총구를 겨누며 정신을 가다듬는 심리적 내면세계를 차분하게 표현한다. 그리고 조던은 자신의 결단 앞에서 스스로 긍정하는 행동으로 죽음을 받아들이는 냉정함을 보여준다. 이 대목에서 헤밍웨이는 조던의 비극적인 최후의 모습을 통하여 자신의 신념에 의한 행동이야말로 진정한 가치를 지닌 행동이라는 주제의식을 드러낸다. 이 작품은 헤밍웨이의 세계관을 이해하는 데 핵심적인 역할을 한 소설로 퓰리처상 후보에 올라 1954년에 상을 받았으며, 1955년에는 노벨문학상을 수상하는 데 이바지하였다.

마지막으로 소설 제목 〈누구를 위하여 좋은 울리나〉는 무슨 의미를 간직하고 있을까. 영문 제목은 〈For Whom the Bell Tolls〉이다. 짧은 영어 실력으로 살펴보면 'The Bell Tolls'는 특정한 타종이라는 것을 의미하는데, 지금 사용하는 제목 〈누구를 위하여 좋은 울리나〉는 아마도 일본 중역본을 그대로 옮긴 것이 아닐까 생각한다. 종Bell의 기원은 여러 곳에서 찾을 수 있지만, 서양의 기독교에서 'The Bell Tolls'의 의미를 찾는다면, 누군가의 죽음이나 장례를 알릴 때 울리는 타종이었을 것이다. 그런 의미에서 영문 제목을 다시 살펴본다면 '저 종은 누구의 죽음을 알리는 것일까'로 해석하는 것이 맞지 않을까 생각하지만, 지금 제목과는 어감에서 다소 거리가 있다.

지금 제목은 존 단John Donne이 병상에 누워 있을 때, 병의 고통과 건강을 주제로 쓴 〈묵상meditation 17〉이라는 기도문의 일부인

"종은 누구를 위하여 울렸던 것일까"를 인용한 것이 아닐까 생각해 본다. 만약 헤밍웨이가 이 기도문의 일부를 제목에 인용하였다면, 조던의 행동과 의지의 선택으로 맞이한 죽음의 가치를 이 종소리의 울림에 담고자 한 것이 아니겠는가.

조던은 마지막 순간에 연인 마리아와의 애처로운 이별과 자신이 선택한 의지의 신념 사이에서 오는 갈등을 어떻게 이겨냈을까. 헤밍웨이는 조던의 죽음을 알리는 이 종소리는 귀로 듣는 것이 아니라 가슴으로 느끼게 하고, 그 울림을 통하여 깊은 여운을 독자에게 남긴다.

【작품해설】

자연의 다양한 변주와 감각의 확장 • 이운경

코로나 팬데믹을 넘어 환경생태계를 지키자 • 지선하

사물과 사람에 대한 온유한 시선 • 이병수

자연의 다양한 변주와 감각의 확장

이 운 경 (문학평론가)

1. 서정과 철학의 원천, 자연

구불구불한 산길을 한참 달려 도착한 곳은 '여우목재'라 부르는 깊은 산중이었다. 천주교 탄압을 피해 신자들이 도망 와 살던 곳이니 그야말로 심심산골이다. 그곳에 박태수 선생의 집이 있었다. 이층 서재 앞 작은 테라스로 나가니 사방이 산이었다. 그 풍경은 태곳적 자연 그대로의 세계를 만나는 듯했다. 작가는 새벽마다 테라스에 나가 자연과 교감하고 대화를 나눈다. 봄비 소리에 잠이 깨고, 새벽 미명에서 깨어나는 자연의 속삭임을 엿듣는다. 오랜 세월 도시에서 생활해 온 선생은 퇴직 후 스스로 자연으로 들어간다. 새벽녘 어둠을 뚫고 솟아오르는 장엄한 동살과 서산으로 넘어가는 장려한 노을을 바라보며 시나브로 자연과 동화하고 내면에도 노을

빛이 스며든다.

박태수 선생은 나와 인연이 닿아 《수필미학》(2014) 신인상으로 수필계에 발을 내딛는다. 그로부터 6년 후 첫수필집 《느림의 모놀로그》(소소담담, 2020)를 상재한다. 첫 수필집이 나온 후 선생은 《수필미학》 편집진을 문경으로 초대했다. 읍내 고깃집에서 식사를 한 후 일행은 대미산 자락에 자리한 선생의 산방을 방문했다. 울울창창한 숲으로 둘러싸인 산골로 거처를 정한 선생은 자연이 부여한 여유와 느림에 만족스러운 듯 보였다. 여행과 문학, 자연을 좋아하는 선생의 취향은 수필과 만나면서 결실을 맺는다. 산방과 여우목재라는 공간은 문학적 가능성으로 웅성거렸다. 나무의 표면과 질감, 숲의 깊이와 거리, 바람과 햇살의 부피를 온몸으로 감각하고 글쓰기로 직조해낸다. 수필이 자아를 주체로 내세우는 고백의 문학임을 상기한다면, 자연과의 만남은 탁월한 선택이었다.

두 번째 수필집 《새벽의 고요》(소소담담, 2022)는 크게 4개의 묶음으로 구성했다. 1부는 자연과 함께하는 일상에서 얻은 여유와 느림에 대하여, 2부는 아내와 떠난 국내외 여행 이야기, 3부는 보건정책 전문가로서 바라본 COVID-19에 대한 견해와 생각들, 4부는 인문학강좌에서 공부한 고전작품에 대한 정리와 울림을 담았다. 수필집 전체를 관통하는 키워드는 '자연과 여행, 인문학'이며, 이 세 가지를 통해 깨친 삶의 일리一理는 '여유와 느림'이다. 문경 대미산 자락으로 삶의 터전을 옮긴 작가는 봄을 여는 빗소리와 소나무와 바람을 벗삼아 내면의 세계로 침잠한다. 이 에세이집이 담고 있는 존재론적 통찰은 자연을 거울삼아 얻은 송가頌歌이자 참회록이다. 특히 배낭여행에서 마주친 중앙아시아의 순결한 자연과 산골에서 몸으로 부대끼면서 획득한 생태적 사유는 박태수 수필의 소중한 자산이다.

문명화한 인간이 운명적으로 만나는 존재방식 가운데 자연은 원초적이고 초월적이다. 자연은 수필에서 서정성의 유력한 자원으로 소비되었다. 자연이 수필의 소재로 소비되는 것은 시대의 징후이지만, 동시에 자연은 재발견되고 재해석된다. 돌이켜보면 수필에서 자연이 치열한 삶의 격전지였던 적은 드물다. 대체로 관조와 예찬의 대상이거나 기억을 소환하는 매개체로, 자아의 내면을 반영하는 거울로서 자주 호출된다. 한편, 자연은 나르시시즘적 욕망의 변형된 형태로서, 수필의 서정성을 증명하는 토대로서 모종의 역할을 수행한다. 박태수의 수필에도 자연은 작품의 주된 소재이자 심상心象을 비추는 거울로 자리한다. 나아가 자연 그 자체가 사유와 진술의 대상이 되어 초월적 존재로 격상하기도 한다.

① 봄이 되면 지천으로 널린 새싹은 생기 돋고, 화사한 봄꽃은 짙은 향을 피워 일손을 멈추게 한다. 여름에는 싱그러운 산들바람이 신록을 춤추게 하고, 불볕더위에 지칠 즈음 내리는 시원한 소낙비는 더위를 물린다. 오색찬란한 단풍에 눈길을 뺏기면 추수로 바쁜 일손 멈추고, 가랑가랑 뿌리는 가을비는 우수에 젖게 한다. 새하얀 눈이 내리면 산속 동물들도 겨울잠 자고, 벌거숭이 나

무들은 실존과 마주하며 철학의 시간에 빠진다.

— 〈세월의 독백〉에서

② 도시에서 푸른 숲의 느낌은 언제나 아름답다고 막연한 생각을 하였다. 그러나 산속 삶을 시작하고부터 푸르다고 하여 모두 좋은 것이 아니라, 함께할 것과 그렇지 않은 대상을 구분할 수밖에 없는 생태환경의 이중적 현실에 직면한다. 마치 삶에서 자신의 이상만 좇아 살 수 없고, 때로는 다른 이상의 굴레에 빠져들 수밖에 없듯이, 자연에서도 이중적 잣대를 적용하게 되는 것은 어쩔 수 없는 것 같다.

— 〈봄비의 단상〉에서

③ 어젯밤부터 비가 내리더니 이른 새벽녘에는 바람결 타고 소소簫簫하게 흐르는 빗소리에 잠을 깬다. 후드득후드득하여 귀를 쫑긋 세우니 바스락바스락 낙엽이 바람에 쓸리는 듯한 빗줄기가 갑자기 거센 물결이 일어 파도치듯 천뢰天籟가 친다.

— 〈가을 비〉에서

작품 ①은 시간의 흐름에 따라 변화하는 자연을 통해 인생의 사계를 자각한다는 내용이다. 계절의 변화에서 오는 징후나 향기는 문명화한 인간의 시선이다. 본래 자연의 시간은 우주의 법칙에 따라 순환한다는 것이 동양적 관점이다. 근대 합리주의의 시선으로 보면 탄생과 성장, 죽음에 이르는 인간의 시간은 직선적이고 유한하다. 작가는 순환하는 자연의 시간을 통해 생의 유한성을 극복하려 한다. 작가가 살아낸 인생은 고단했으나 문학의 프리즘을 통과하면서 우주적 질서에 편입하고 마침내 초월적 시간으로 변환한다. 이 작품에서 자연은 인생의 사계를 인식하는 환유로서, 우주적 시간의 상징으로 기능한다.

작품 ②는 산골에서 발견한 자연의 본질에 대한 깨우침을 이야기한다. 작가는 "도시의 편안함을 뒤로하고, 거칠지만 자연 속 한 점이 되"고자 산속으로 거처를 옮긴다. 도시에서 바라보는 자연은 관조의 대상으로서 인간의 삶과 유리된 아름다운 '풍경'으로 존재한다. 이때 자연은 문학의 소비재이며 무책임한 풍경에 불과하다. 하지만 생활공간으로서 자연은 구체적 삶의 조건이며, 인간과 대립하는 존재로 다가온다. 작가는 자연의 본질에 서서히 눈뜨고, 때로는 교감하고 동화한다. 자연은 풍경에서 적자생존이라는 세계의 상처를 드러내는 기재로 형질변경 한다. 요컨대 이 작품에서 자연은 무책임한 '풍경'에서 세계의 부조리와 모순을 드러내는 반사경의 역할을 한다.

작품 ③에서 자연은 작가의 심상을 반영하는 서정성의 연못과 같은 역할을 한다. 자연에서 자신의 거울상을 찾아내는 것은 자아의 놀라운 능력이다. 수필의 나르시시즘적 태도는 자폐성의 요인이기도 하지만, 서정성을 고양하는 동력이 되기도 한다. 작품 도입부에 전주곡처럼 등장하는 자연은 "문명 세계에서 볼 수 없는 순수한 여유"(〈느린 삶의 여유로움〉)를 상징하거나, "산중 적막감에 빠져 무념무상이 되고, 빗방울 요정의 잔잔한 리듬은 마음의 파동을 일으키"(〈봄비의 단상〉)는 불쏘시개 역할을 한다. 이런 자연의 속삭임은 서정성을 고양하고, 오감의 감각체계를 두드리고, 감성의 방으로 들어가는 매개체가 된다. 자연에 온전히 자아를 투사하는 이런 태도는 전통적 자연관을 계승한 것으로 보인다.

박태수의 수필에서 자연은 다양한 모습으로 변주된다. "세상의 시끄러운 소리에서 벗어나 빗방울을 벗삼아 마음 깊은 곳에 있는 소리를 들으며 사색하"는 사유의 대상으로 자연을 소환하기도 한다(〈가을 비〉). 산골 정원을 가꾸면서 느낀 식물 생태계의 약육강식의 현장을 통해 성숙한 삶을 꿈꾸기도 한다(〈만추의 독백〉). 배낭을 메고 떠난 여행길에서 마주친 자연에서는 "순결한 아름다움을 만나게 되고, 사사로운 욕심이나 헛된 생각이 없는 순수함을 느낀다"(〈나에게 쓰는 여행 편지〉). 대체로 수필에서 자연은 문명의 반대편에 있는 순수함의 상징으로, 작가의 마음을 반영하는 심상지心象池로, 세계의 모순을 가르치고 일깨우는 경전과도 같은 위치를 점유한다. 즉, 자연은 작품의 커다란 배경이자 서정성을 길어 올리는 원천源泉이며, 철학적 일리一理를 가르치는 스승과도 같다. 요컨대 자연은 박태수 수필의 유력한 자원이며, 서정성과 철학성의 반석과도 같은 총체적 역할을 수행한다.

2. 음악이 뿜어내는 몇 가지 효과들

　작가란 신과 사물 사이에 놓인 언어적 존재homo linguisticus이다. 문제는 언어의 불확실성과 애매성이다. 작가라면 하나의 문장을 떠올릴 때 기표(시니피앙)와 기의(시니피에)의 간극 앞에서 망설이거나 서성거린다. 시인 이성복이 "언어의 절대적 자유는 언어 자신의 죽음이다"라고 말했듯이 언어적 표현은 늘 미진할 수밖에 없다. 어쨌든 작가는 언어라는 불완전한 도구로 자신이 감각하고 느끼고 포착한 것들을 표현해야 제 존재를 증명할 수 있다. 특히 수필은 완결된 문장과 논리성을 토대로 하는 장르이다. 문제는 문장표현에서 인식과 논리 체제에 안주하는 것이다. 이런 태도는 상상력과 감각의 확장이라는 문학적 자산을 외면하는 것이다. 정해진 규범 밖으로 탈주하려는 몸부림은 다양한 시도와 도전을 낳는다. 담장을 뛰어넘는 탈주를 하든가, 색다른 소재를 가져와 양념으로 잘 버무리든가 해야 수필이 새로워진다.

　수필이 문학이라는 영토에 끼어들 수 있었던 몇 가지 요인이 있다. 완결된 구성, 비유와 상징의 수사학, 인간과 삶의 본질을 궁구하는 지향 등이다. 반면, 단조로운 평면적 구성과 체험을 기반으로 하는 데서 파생하는 윤리적 제약, 직접 진술과 설명에 따른 표현의 한계 등은 수필이 지닌 태생적 원죄와도 같다. 그럼에도 불구하고 현대수필은 꾸준히 진화하고 있다. 가령 소설이나 희곡 같은 타 장르와 몸을 섞으면서 구성과 표현의 한계를 뛰어넘는다거나, 음악이나 미술작품 같은 다양한 소재들이 연합종횡하면서 입체적 효과를 얻어내기도 한다. 음악을 소재로 쓴 수필은 해설 혹은 해석의 차원이지 감각과 상상의 층위는 아니었다.

"'음악'은 발화자나 지시체 없이 그 자체의 강렬함만으로 존재하는 언어의 세계, 주체도 대상도 없는 '과정으로서의 언어'로 이루어지는 어떤 상태의 다른 이름이다"(신형철, 《몰락의 에티카》, 223쪽). 반면, 수필은 대지에 뿌리내린 세속의 공간에서 기승전결이 분명한 어떤 서사적 완결성을 지향한다. 수필과 음악은 표면적으로 본다면 접점을 찾기 어렵다. 그런데 박태수 수필에는 음악이 빈번하게 등장한다. 클래식부터 가요, 팝, 합창, 영화음악 등 다채로운 장르의 음악이 작품의 한 자리를 차지한다. 이런 시도는 의도적 배치라기보다 그의 내면에 자리한 음악적 감수성과 자질이 자연스럽게 표면화한 것으로 보인다. 성장기에 체득한 음악 체험과 기억이 내면에 자리 잡았고, 수필 쓰기와 접속하면서 독특한 효능감을 뿜어내는 듯싶다.

그렇다면 박태수의 수필작품에서 음악은 어떤 효과를 유발하는가. 깊어가는 가을의 풍경을 마주한 작가의 심상을 반영하거나(〈만추의 독백〉), 소나무를 보고 독일민요를 떠올리고(〈소나무야, 소나무야!〉), '천국의 눈물' 노래에 얽힌 옛 기억을 소환하는 다리 역할을 하기도 한다(〈가을 비〉) 등 다양한 모습으로 드러난다. 때로는 음악이 기도와 명상을 견인하는 역할도 한다. 근대의 원근법이나 주체 중심의 배치는 시각적이다. 인간(자아)을 중심에 두고 대상을 바라보는 원근법은 수필의 속성과 유사하다. 음악을 도입하면서 시각 체계에 갇힌 수필을 공감각적으로 확장시켜준다. 비유컨대 잘 차려진 음식상에 화사한 꽃꽂이와 촛불, 우아한 음악 등이 어우러지면서 분위기가 한껏 고조되는 것과 같다. 이처럼 박태수는 수필에 음악이라는 소재를 적극 도입함으로써 표현의 다변화를 시도한다.

은퇴 후 매년 가을이 오면 낙엽을 밟으며 때론 낙엽을 치우며 이탈리아 '이무지치 합주단'이 연주하는 비발디의 사계 중 3번 G단조 〈가을〉을 즐겨 듣는다. 가을이라는 표제가 붙은 이 곡은 결실의 계절에 사는 사람의 모습과 정서를 비발디만의 풍부한 상상력과 자유로우면서도 간결한 화성和聲으로 묘사하였다고 한다. 산촌에서 만추의 정원을 바라보며 이 곡을 들을 때는 왠지 낙엽이 된 기분이다.

- 〈만추의 독백〉에서

이 작품에는 작가의 내면에 자리한 가을의 정서와 감성을 표현하는 몇 개의 음악이 등장한다. 낙엽이 지는 모습을 보고는 〈카논 Canon〉을 듣고, 바흐의 〈G선상의 아리아〉를 떠올리고, 비발디의 사계 중 〈가을〉 등이 차례로 나온다. 이들 음악의 공통점은 스산한 가을의 풍경과 쓸쓸한 정서를 담고 있다는 것이다. 이때 음악은 작가의 심상을 대변하는 상징적 기호와 같다. 시각적 묘사 대신 청각적 음악으로 옮겨간 것이다. 산촌의 가을 풍경에서 느끼는 스산함과 쓸쓸함, 바람결에 힘없이 떨어지는 낙엽을 보면서 느끼는 연민의 정 등이 음악으로 전환되어 다채롭게 표현된다. 주목할 점은 자연이라는 외부 풍경과 작가의 내면 정서, 음악이 품고 있는 리듬감과 서정성 등이 결합하면서 빚어내는 효과이다. 작가가 느끼는 가을의 분위기와 정서가 음악과 만나면서 한결 증폭된다. 묘사나 설명만으로는 표현할 수 없는 내면의 감정과 정서를 음악이 효과적으로 전달해준 셈이다.

작품 〈가을 비〉에는 한 곡의 노래가 상상과 연상을 유인하는 하나의 발화제로 기능한다. '호숫가 산책과 에릭 클랩턴의 〈천국의 눈물Tears in Heaven〉 → 클랩턴 아들의 사고와 애절한 부성애 → 강릉의 호텔에서 들은 필리핀 출신 가수의 노래 → 울산 호텔에서 재회한 가수와 사연' 등으로 내용이 전개된다. 에릭 클랩턴의 노래와 아들의 사고, 호텔에서 만난 가수 롤리의 아픔, 쓸쓸한 가을의 정서와 비애감 등이 동일한 맥락으로 이어진다. 이 작품에서 음악은 주제를 뒷받침하는 유력한 자원이다. 동시에 노래에 얽힌 비극적 사연과 만추의 비애가 연결되면서 쓸쓸한 분위기를 연출한다. 이때 음악은 작가의 내면에 자리한 기억과 정서를 길어 올리는 두레박과 같은 역할을 수행한다.

이 밖에도 "리듬을 흥얼거리며 따라가다 보면 뇌리에는 대자연 속 한 폭의 아름다운 장면이 그려진다"(〈장맛비의 시름과 넬라 판타지아〉)처럼 상상력을 유발하는데도 음악이 유용하다. 비유컨대 음악은 정태적 흑백사진을 역동적 칼라사진으로 바꾼다. 수필작품에 음악이 등장하면 고요한 호수가 파도가 춤추는 바다로 변환하듯 돌연 활기가 돈다. 박태수 수필에서 음악은 특별한 위상을 가진다. 작가의 심상을 대변하는 기표로서, 주제를 뒷받침하는 화소로서, 작품 전반을 견인하는 정서적 배경으로서 지위를 획득한다. 나아가 음악의 리듬감과 청각적 감각이 수필과 만나 상상력의 증폭과 감성의 고양에 기여한다.

3. 인문학적 글쓰기를 통한 수필의 확장

이 수필집에 실린 글 가운데 상당한 분량을 차지하는 것이 여행기와 독서 에세이다. 하나의 글쓰기 스타일로는 인간과 삶의 복잡다단한 세계를 제대로 표현할 수 없다. 수필이 문학의 영토에 편입하기 위해 도입한 알레고리적 기법과 문장 가꾸기로부터 탈피한 새로운 시도가 필요하다. 전통적 문학의 체제에 맞춘 위계적 질서를 다른 층위로 이동하면 새로운 지평이 열린다. 박태수는 문학과 비문학의 경계에서 탄생한 수필의 운명을 긍정하고 독창적 영역의 확장을 모색한다. 자연과 여행, 인문고전 공부, 글쓰기로 이어가는 작가의 은퇴 후의 삶은 충만한 연가戀歌처럼 보인다.

여행은 기존의 상징적 질서 바깥으로 나아감으로써 대상에 대한 타자적 향유가 가능하도록 해준다. 그리고 자본주의적 욕망에 침윤된 감각체계에 균열을 낸다. 중앙아시아의 대평원과 파미르 고원, 미국 오리건주의 호숫가, 산티아고 순례길과 키르기스스탄의 송쿨 호수까지 작가의 발길은 거침이 없다. 그가 탐색하는 영토는 실로 광활하다. 동서양 고전문학을 다시 읽고 그 책들이 품고 있는 고귀한 비밀들을 찾아 나선다. "성숙한 삶을 이루어 아름다운 인생의 완성을"(〈만추의 독백〉) 꿈꾸는 작가에게 세계는 신화적 이야기로 가득하다. 그의 이런 발화에는 진리는 현실보다 더 깊은 곳에 있다는 전제가 깔려 있다. 여행과 공부는 일상의 지루함과 사유의 상투성을 넘어서는 새로운 언어를 찾아 떠나는 모험이다. 아울러 새로운 세계를 꿈꾸고 새로운 나를 찾아 떠나는 '구도의 길'인 셈이다.

헤밍웨이의 발자취를 찾아간 쿠바 여행에서 〈노인과 바다〉의 배경이 된 코히마르의 작은 어촌을 찾은 것은 여행의 기쁨이 배가된다. 느릿느릿 바닷길을 걷노라면 카리브의 황금빛 햇살이 머리 위에 내리쬐고, 방파제에 철석이며 부딪히는 파도의 울림이 가슴을 친다. 바닷바람을 거슬러 나는 갈매기의 힘찬 날갯짓에서 용기와 희망을 찾고, 비릿한 카리브의 바다 냄새는 이곳을 영원히 잊지 못하게 후각을 각인시킨다.
— 〈인간은 파멸당할 순 있어도 패배할 수는 없다〉에서

여행은 자아의 확장이다. 문학기행은 세계를 평면적으로 보지 않고, 역동적 관계로 파악하려는 탐색 행위다. 인간과 삶의 본질이 일상의 체험만으로는 불가능하다는 인식에서 출발한 것이리라. 도

시 공간에서 집과 직장을 오가는 문명의 시간을 살아낸 작가는 은퇴 후 자연의 시간 속으로 들어간다. 산골로 거처를 옮기고, 배낭을 짊어지고 여행을 떠난다. "쾌락의 자리는 획일화되고 표준화한 '공간'이 아니라 삶의 물질감이 배어든 '장소'인 것이다"(김영민,《어긋남과 어긋냄》, 114쪽). 코히마르라는 낯선 공간은 헤밍웨이와 문학작품〈노인과 바다〉, 작가의 기억이 접촉하면서 특별한 '장소'로 거듭난다. 쿠바의 낯선 항구에서 헤밍웨이의 발자취를 만나고, 카리브의 황금빛 햇살에 몸을 밀어넣는 행위는 박제된 기억과 감각을 되살리고, 과거의 경험을 현재화하려는 시도이다. 이러한 과정이 새로운 인문학적 글쓰기를 위한 발걸음이었다.

  작가는 광활한 중앙아시아의 평원을 보면서 자연의 섭리와 인간 삶의 유한성을 실감한다. 공간을 이동할 때 몸은 낯선 환경과 부대끼면서 상호 적응과 긴장 속에서 조화를 모색한다. 이런 긴장 관계 속에서 체득한 삶의 일리―理가 여행기와 독서 에세이에 담겨 있다. 삶과 자아, 세계의 관계 사이에서 발생하는 긴장과 낯섦, 그리고 조율의 변증법적 사유를 읽을 수 있다. 이를 삼각형으로 구도화하면, 왼쪽에 일상적 체험이 있다면, 오른쪽에 여행과 인문고전 공부가 있다. 그리고 융합의 지점에 인문학적 글쓰기가 자리한다. 이런 변증법적 사유 과정을 거치면서 인간의 의식은 한층 깊어진다.

  일상과 고백, 자아라는 협소한 공간에 갇힌 수필은 자신의 늪에 빠져 허우적거린다. 수필의 지루함과 난망함을 넘어서려는 몸부림은 인문의 영토로 시선을 돌리게 한다. 여행이 공간이동을 통한 감각의 수평적 확장이라면, 고전 읽기는 인식의 지평 이동을 통한 상상력의 수직적 확장이다. 이런 교직 과정을 통과하면서 인문학적 시선과 통찰력이 쌓인다. 여행과 인문고전 공부는 '나'의 정체성과 인간의 실체를 또렷하게 부조浮彫하는 데 기여하며, 글쓰기는 완강한 자기 동일성으로 회귀하려는 습관을 다잡는데 유용하다. 인문학적 글쓰기는 나와 세계와의 사이에 놓인 간극과 난맥을 추스르고, 내가 서있는 삶의 자리에 맞는 글쓰기 방식을 모색하는 과정에서 나온 결과물이다.

여행이나 고전 읽기 공부는 '나'의 근원을 돌아보는 행위이다. 작가에게 여행과 고전 공부는 모두 꿈을 찾아 떠나는 것이고, 낯선 나를 만나러 가는 것이다. 즉 '나'를 둘러싼 세계의 진정성 속으로 영육이 육박해 들어가는 것이다. 이는 수필문학이 추구하는 궁극의 지점과 상통한다. '고백, 성찰, 자아'라는 수필의 정체성을 규정하는 세 지점을 향해 가는 길에는 수많은 오솔길이 숨어있다. 여행이 몸을 통한 감각의 확장이라면, 고전읽기는 정신을 단련하는 과정이다. 이 두 길의 조화와 균형이 절묘하다. 이런 시도는 수필의 한계를 극복하려는 시도로 볼 수 있다. 요컨대 박태수의 인문학적 글쓰기는 수필의 확장으로 평가할 수 있겠다. 여행과 독서, 자연과의 만남을 통해 축적한 인문人紋의 무늬들이 성숙한 삶, 행복한 글쓰기로 지속되길 바란다.

코로나 팬데믹을 넘어
환경생태계를 지키자

지 선 하(연세대 보건대학원 교수)

 2020년 정초부터 전 세계를 강타한 'COVID-19' 팬데믹은 아직도 진행형이고, 전통적인 감염병 역학疫學 이론으로는 대처하기 어려운 초유의 사태를 접하고 있다. 참으로 암담한 지난 2년 반을 지나왔고, 지금은 끝없는 터널에서 억지로 빠져나온 듯한 기분도 들지만, 그래도 희망을 품을 수 있는 시점에 도달하였다. 그동안 수많은 사람이 팬데믹으로 고통 받았고, 세계 경제 상황 또한 녹록하지 않아 삶의 주름살이 깊게 파였다.
 박태수 박사의《새벽의 고요》제3장 코로나 이야기에 실린 10편의 옥고를 받고 몇 차례 읽었다. 마치 티 한 점 없는 청명한 가을 하늘처럼 군살을 찾을 수 없는 작품으로 독자가 쉽게 이해하고 편안하게 읽어 내려갈 수 있는 단아한 작품이다.

COVID-19라는 전문적인 소재를 팬데믹 상황에 따라 팩트 중심으로 시의적절하게 칼럼화한 7편의 단수필의 구성도 돋보이고, 전문성을 살린 3편의 작품에서는 역학적인 팬데믹 상황의 이해를 돕는 글과 특정 지역의 고통을 위로하는 작품, 그리고 역사 속 역병과 코로나 이야기는 일반화하기 쉽지 않으나 작가는 전문성을 살려 독자에게 쉽게 다가갈 수 있게 작품화하였다.

작가는 "유행병의 발병 원인과 치료제와 백신을 개발하는 것 못지않게 환경생태계를 지키는 것이 중요하다"고 지적한다. 그리고 현대사회는 편리함을 추구하는 만큼 환경생태계가 파괴될 수 있고, 더 나아가 지구가 병들 수 있다는 것을 아쉬워하며, 자연 보전에 소홀하면 훗날 코로나바이러스처럼 제2의 미생물이 창궐할 수 있다는 것을 경고한다.

작가는 "세찬 비바람이 몰아치고 떠난 자리에는 상처도 남지만, 당당하게 맞서고 나면 새록새록 새싹이 돋듯이 새로운 변화가 일어난다. 이제 코로나 이후를 맞이하기 위하여 그 변화를 피하기보다 극복하고, 의미 있는 삶의 행태를 찾아보자"라는 희망찬 글에서 밝은 미래를 본다.

사물과 사람에 대한 온유한 시선

이 병 수(경희대 교수)

 우리가 글을 읽고 쓰는 이유는 무엇일까? '필체를 보면 글 쓴 사람이 누구인가를 알 수 있다', 이 한 줄은 프랑스의 계몽주의 철학가 볼테르의 말이다. 붓을 사용했던 시대에 우리 선조는 내용뿐만 아니라, 글씨체를 보고도 글 쓴 사람이 누구인가를 가름할 수 있다고 여겼다.
 누군가의 글을 읽는 이유는 글쓴이의 생각과 감정을 따라가 보는 일이다. 저자의 눈에 비친 사물과 사람에 대한 인상을 읽을 수 있고, 현시대와 사회에 대한 가치판단을 공유할 수도 있다. 같은 사물을 두고 그것을 바라보는 시선은 사람에 따라 모두 다르다. 그 이유는 대상이 문제가 아니라, 그 대상에 대한 각자의 생각이 다르기 때문이다.
 자연의 사물을 두고도 그럴진대, 어떤 사람이나 사회적 현상에 관한 판단 기준이 모두 다르게 보이는 것은 당연하다. 같은 사안을 두고도 누구는 옳다고 하고, 누군가는 틀린 것이라 말하는 이유가 거기에 있다.

하나의 사물을 두고도 누군가는 아름답다고 하고, 다른 사람은 추하다고 한다. 그러므로 우리가 누군가의 글을 읽는 이유 중 하나는 글이 주는 의미를 해석하고 추론하여 내 생각을 대입해 볼 수 있기 때문이다. 즉, 글을 읽는 일은 나를 반추해보는 일이다.

무애無涯 박태수의 글은, 읽는 것뿐만 아니라 글을 쓴다는 것이 어떤 가치가 있는지를 우리에게 보여준다. 그는 학생들을 가르치던 교단에서 은퇴한 후 왕성한 글쓰기를 실천하고 있다.

그는 에세이 작가다. 우리는 흔히 에세이는 생활에서 보고 느끼는 것을 평이한 문장으로 그리는 짧은 단상의 글을 일컫는다. 또한 우리는 에세이를 수필이라 칭하기도 한다. 그런데 알고 보면 동서고금의 주옥같은 글들은 에세이 형식을 취하고 있는 경우가 많다. 왜 그럴까? 에세이는 소설과 달리 픽션이 들어가지 않는다.

에세이는 가공하지도 않고, 지나친 수사가 들어가지도 않는다. 그러면서도 혜안의 담론을 담고 있다. 그런 점에서 박태수의 글은 에세이의 문법을 잘 보여준다. 그의 글들은 넘치지 않고 절제되어 있다. 지나친 주관이나 과장의 표현들로 억지를 부리지 않고 훈계하지 않는다. 무엇보다 그의 글들은 사물과 삶에 대한 따뜻한 시선과 애정이 담겨 있다.

그의 에세이집에 담겨있는 글들은 사람들이 쉽게 경험할 수 없는 세계 문명의 지도를 따라 탐방하는 느낌을 받는다. 그가 만난 이국의 풍물과 인물들을 보며 느낀 인상을 담은 글들은 인생, 종교, 사회, 문화 등에 대한 온오한 주제와 소재들을 아우른다.

무엇보다 헤밍웨이와 같은 대작가의 발자취를 따라가는 글은 우리에게 진정한 인문 기행이 무엇인지를 보여준다. 동양의 코리아에서 작가와 작품의 체취를 느껴보기 위해 찾아가는 긴 여정, 그리고 그가 받은 환대의 장면은 우리에게 깊은 감동으로 다가온다.

"아무튼 지치지 않도록 해야 하네. 그렇지 않으면 수레바퀴 아래 깔리게 될지도 모르니까." 필자가 인용한 헤르만 헤세의 한 문장이다. 박태수는 고전작품에 대한 평설에서 헤세의 글뿐만 아니라 여러 작가의 중요 문장들을 우리에게 소개하며 해석한다. 그런가 하면 인자한 할아버지로서 손자에게 들려주고 싶은 그의 원숙한 인생 이야기를 독자들에게 담담하게 얘기한다. 무엇보다 박태수의 이번 에세이집은 우리에게 글을 읽고 쓰는 일이 얼마나 품격 있고, 가치 있는 삶을 만들어주는가를 실천적으로 보여주는 전범으로 삼을 만하다.